ULLSTEIN

Das Buch

Das grundsätzliche Problem ist: Frauen und Männer sind unterschiedlich. Trotzdem stürzen wir uns immer wieder in das nervenaufreibende Abenteuer einer Partnerschaft. Aber viele Beziehungen gehen gerade deshalb in die Brüche, weil Männer nicht verstehen können, dass eine Frau nicht wie ein Mann sein kann, und weil Frauen von ihren Männern erwarten, dass sie genauso reagieren wie sie selbst.
Haben Sie den Mut, Ihre Beziehung unter die Lupe zu nehmen. Dieses amüsante Testbuch wird Ihnen auf spektakuläre Weise die Augen öffnen, über sich selbst, Ihren Partner und die Unterschiede zwischen ihnen – für ein lebendiges und harmonisches Leben zu zweit.

Die Autoren

Allan und Barbara Pease gehören zu den führenden Kommunikationstrainern der Welt. Sie sind nicht nur international mit ihren Seminaren erfolgreich, sondern haben auch bereits mehrere Bücher zum Thema Körpersprache und zwischenmenschliche Beziehungen geschrieben, die zu Weltbestsellern wurden. Ihr Buch *Warum Männer nicht zuhören und Frauen schlecht einparken* entwickelte sich zu einem überwältigenden Verkaufsschlager.

Von Allan und Barbara Pease sind in unserem Hause bereits erschienen:

Warum Männer nicht zuhören und Frauen schlecht einparken
Warum Männer nicht zuhören …
Warum Frauen schlecht einparken …
Der tote Fisch in der Hand
Warum Männer lügen und Frauen immer Schuhe kaufen

Allan & Barbara Pease

DAS TESTBUCH

Warum Männer nicht zuhören und Frauen schlecht einparken

Ullstein

Besuchen Sie uns im Internet:
www.ullstein-taschenbuch.de

Umwelthinweis:
Dieses Buch wurde auf chlor-
und säurefreiem Papier gedruckt.

Ullstein Verlag
Ullstein ist ein Verlag der Ullstein Buchverlage GmbH.
Deutsche Erstausgabe
1. Auflage April 2004

Published by Arrangement with Pease International PTY LTD., Australia
Redaktion: Angela Troni, München,
mit Unterstützung von Annegret Scholz
Umschlaggestaltung: Thomas Jarzina, Köln
Titelabbildung: Mauritius, Mittenwald
Gesetzt aus der Sabon
Satz: KompetenzCenter, Mönchengladbach
Druck und Bindearbeiten: Ebner & Spiegel, Ulm
Printed in Germany
ISBN 3-548-36581-7

Inhalt

Einleitung

Für ihn existiere ich wahrscheinlich überhaupt nicht ... Ich glaube nicht, dass er mich auf lange Sicht lieben wird ... Er hat bestimmt bemerkt, dass ich die Oberschenkel meiner Mutter habe ... Er liegt einfach nur da und denkt an seine Zukunft ... überlegt, plant und macht sich Sorgen ...
Ich frage mich, wie Fliegen mit dem Kopf nach unten landen können ...
JTH

Die Kluft zwischen den Geschlechtern, die Missverständnisse und der Konflikt sind auch im 21. Jahrhundert in unserem Leben noch so alltäglich wie an dem Tag, als Adam sich zum ersten Mal mit Eva zankte. In den drei Jahrzehnten unserer Beschäftigung mit den Unterschieden zwischen Männern und Frauen sind wir mit zehntausenden Fragen konfrontiert worden, bei denen es immer darum ging, warum wir uns so und nicht anders verhalten. Die Briefe, Anrufe und E-Mails kommen alle von Menschen, die bestimmte Verhaltensweisen des anderen Geschlechts absolut verwirrend finden. Diese Menschen sind frustriert und hilflos und sie wissen nicht mehr, wie sie mit dem anderen Geschlecht umgehen sollen. Deshalb haben wir die beiden Bücher *Warum Männer nicht zuhören und Frauen schlecht einparken* und *Warum Männer lügen und Frauen immer Schuhe kaufen* geschrieben.

Doch mit den verzweifelten Hilferufen, anprangernden Beschuldigungen des jeweils anderen Geschlechts, verwünschten Schwiegermüttern und – im Extremfall – gegenseitigen Morddrohungen wird es bald ein Ende haben. Denn in unserem neuen Buch haben Sie nun die Gelegenheit, sich selbst und Ihren Partner hinsichtlich all dieser Fragen auf die Probe zu stellen. Wir haben zu den wichtigsten Kapiteln aus unseren beiden vorangegangenen Büchern eigens Tests entwickelt, anhand derer Sie herausfinden können, wie Sie oder Ihr Partner ticken.

Was weiß Ihr Partner wirklich über Sie? Und hört er tatsächlich zu, wenn Sie etwas sagen? Hat Ihr Partner nun ein besseres räumliches Vorstellungsvermögen als Sie oder nicht? Wie sieht es mit dem Autofahren und Einparken aus? Welcher Typ passt wirklich zu Ihnen? Ist Ihr Partner beziehungsfähig? Ist er treu? Ist Ihre Schwiegermutter tatsächlich an der ein oder anderen Beziehungskrise schuld? Lügt Ihr Partner Sie an? Reden Sie und Ihr Partner nun aneinander vorbei oder nicht?

Diese und viele weitere Fragen können Sie jetzt endlich klären. Finden Sie durch die Tests in diesem Buch spannende neue Dinge über sich und Ihren Partner heraus. Und falls Sie bei manchen Fragen denken: »Ich würde keine dieser Antworten auswählen.«, dann kreuzen Sie einfach diejenige an, welche Ihrer Meinung oder Reaktion am nächsten kommt. Lassen Sie sich überraschen und machen Sie am besten sofort die Probe aufs Exempel.

Und nehmen Sie es uns bitte nicht übel, dass wir uns bei den meisten Tests dafür entschieden haben, nur die männliche Form zu verwenden. Sollten Sie und Ihr Partner oder Ihre Partnerin (an dieser Stelle machen wir bewusst eine Ausnahme) in dieser Frage zufällig nicht einer Meinung sein, so betrachten Sie die Diskussion darüber doch gleich als erste Aufwärmübung zu unseren Tests.

In diesem Sinne wünschen wir Ihnen viel Vergnügen.

Barbara und Allan Pease

1. Kapitel

Reden und Zuhören

Was Frauen sagen – was Männer hören

Warum Männer nicht wirklich reden können, Frauen dafür aber umso besser

Wir wissen seit Jahrtausenden, dass Männer keine großen Gesprächskünstler oder besondere Sprachgenies sind, schon gar nicht im Vergleich zu Frauen. Was Männer betrifft, ist die Sprache keine spezielle Fähigkeit des Gehirns. Für die Sprache ist bei ihnen ausschließlich die linke Gehirnhälfte zuständig, es gibt jedoch keine eigene Gehirnregion, die als Sprachzentrum fungieren würde. Eine Kernspintomographie zeigt, dass bei Männern, wenn sie reden, die gesamte linke Gehirnhälfte aktiv wird, weil nach einem Sprachzentrum gesucht, aber keines gefunden wird.

Männer haben sich zu Jägern und Nahrungslieferanten entwickelt, nicht zu Konversationsgenies. Während der Jagd waren nur wenige nonverbale Signale erforderlich und die meiste Zeit saßen die Jäger schweigend nebeneinander und beobachteten ihre Beute. Weder redeten sie, noch mussten sie einander näher kommen. Wenn heutzutage Männer zusammen fischen gehen, können sie stundenlang nebeneinander sitzen, ohne ein einziges Wort von sich zu geben. Sie haben Spaß, freuen sich, dass sie Gesellschaft haben, aber es besteht für sie keine Notwendigkeit, das auch in Worte zu fassen. Wenn Frauen dagegen beisammen wären, ohne ein einziges Wort zu äußern, wäre das gleichbedeutend mit einem mittleren bis größeren Problem.

Bei Frauen gibt es einen abgegrenzten Gehirnbereich für die Sprache, der sich hauptsächlich in der vorderen linken Gehirnhälfte befindet, und weitere, kleinere Gehirnbereiche in der rechten Hemisphäre. Diese Verteilung auf beide Gehirnhälften macht Frauen zu guten Gesprächspartnern. Und da sie spezielle Sprachzentren im Gehirn haben, ist der Rest des Gehirns für andere Aufgaben frei. Frauen können deswegen gleichzeitig reden und etwas anderes tun.

Durch ihr spezielles Sprachzentrum sind Frauen den Männern in Sprachfertigkeit und Wortgewalt deutlich überlegen. Da Frauen ursprünglich den ganzen Tag mit anderen Frauen und Kindern verbracht haben, haben sie gute kommunikative Fähigkeiten entwickelt, um Gemeinschaft herzustellen und Beziehungen zu festigen.

Die Basics des Zuhörens

In aller Regel kann eine Frau innerhalb von zehn Sekunden durchschnittlich sechs verschiedene Gesichtsausdrücke annehmen, mit denen sie auf die Gefühle des Sprechers reagiert. Eine Frau liest die Bedeutung dessen, was gesagt wird, aus dem Tonfall der Stimme und der Körpermimik des Sprechers heraus. Genau das muss ein Mann tun, der die Aufmerksamkeit einer Frau fesseln und sie zum weiteren Zuhören bewegen will. Die meisten Männer resignieren bei dem Gedanken, ihre Beteiligung beim Zuhören durch ihr Mienenspiel ausdrücken zu sollen. Es zahlt sich für den Mann jedoch aus, sich diese Kunst zu Eigen zu machen.

Evolutionsbiologisch gesehen war es wichtig, dass Krieger beim Zuhören die Kontrolle über ihr Mienenspiel behielten, damit keiner ihre Gedanken erraten konnte.

Die starre Maske, hinter der Männer sich verbergen, wenn sie jemandem zuhören, gibt ihnen das Gefühl, alles unter Kontrolle zu haben, was allerdings nicht heißt, dass Männer keine Gefühle hätten. Gehirn-Scans haben ergeben, dass Männer Gefühle genauso stark wie Frauen erleben und es lediglich vermeiden, sie offen zu zeigen.

Der große Zuhör-Test

Mit diesem Test können Sie Ihrem Partner mal so richtig auf den Zahn fühlen, denn hier kann er Ihnen kein X mehr für ein U vormachen. Hört er Ihnen zu oder nicht? Kennt er Ihre Vorlieben und Abneigungen – oder tut er immer nur so als ob? Und wie steht es mit Ihnen? Überfordern Sie ihn und sein Sprachzentrum regelmäßig oder können Sie mit seinen Schwächen umgehen?

Finden Sie es heraus, denn dieser Test bringt die Wahrheit ans Licht.

Wenn Sie ein Mann sind, machen Sie den Test auf Seite 20, Frauen füllen die hier folgenden Fragen aus. Wollen Sie sich auch umgekehrt auf die Probe stellen, so müssen Sie die Testbögen einmal kopieren, damit Sie beide sowohl den ersten als auch den zweiten Bogen ausfüllen können.

Beantworten Sie die Fragen gewissenhaft und lassen Sie anschließend Ihren Partner den anderen Bogen ausfüllen – selbstverständlich ohne ihm vorher zu zeigen, was Sie geschrieben haben.

Name der Testperson ______________________________

Name des Partners ________________________________

1. Worüber haben Sie sich vergangene Woche am meisten geärgert?

   ____

2. Hatten Sie als Kind ein Haustier? Und wenn ja, was für eins?

   ____

3. Wovon handelte Ihr letzter Traum?

   ____

4. Welcher Kinofilm hat Sie in den letzten Wochen oder Monaten besonders bewegt? Und warum?

   ____

   ____

5. Wann hat Ihre beste Freundin/Ihr bester Freund Geburtstag?

   ____

6. Glauben Sie an Gott?

   ____

7. Über welche Angewohnheit Ihres Partners ärgern Sie sich am meisten?

____

8. Womit kann man Ihnen immer eine Freude machen?

____

9. Welches Buch lesen Sie zurzeit bzw. haben Sie kürzlich gelesen?

____

10. Haben Sie das Gefühl, dass Ihr Partner Ihnen zuhört?

____

11. Fühlen Sie sich mit Ihren Problemen bei Ihrem Partner gut aufgehoben?

____

12. Haben Sie ein Idol? Wenn ja, wen?

____

13. Welches Land möchten Sie unbedingt noch bereisen?

____

14. Was haben Sie sich beim letzten Jahreswechsel vorgenommen?

____

____

15. Haben Sie Prinzipien? Wie lauten die drei wichtigsten?

____

____

Name der Testperson ______________________

Name des Partners ________________________

1. Worüber hat sich Ihr Partner vergangene Woche am meisten geärgert?

   ____

2. Hatte Ihr Partner als Kind ein Haustier? Und wenn ja, was für eins?

   ____

3. Wovon handelte der letzte Traum Ihres Partners?

   ____

4. Welcher Kinofilm hat Ihr Partner in den letzten Wochen oder Monaten besonders bewegt? Und warum?

   ____

   ____

5. Wann hat die beste Freundin/der beste Freund Ihres Partners Geburtstag?

   ____

6. Glaubt Ihr Partner an Gott?

   ____

7. Über welche Ihrer Angewohnheiten ärgert sich Ihr Partner am meisten?

   ____

8. Womit können Sie Ihrem Partner immer eine Freude machen?

   ____

9. Welches Buch liest Ihr Partner zurzeit bzw. hat er kürzlich gelesen?

____

10. Hat Ihr Partner das Gefühl, dass Sie ihm zuhören?

____

11. Fühlt Ihr Partner sich mit seinen Problemen bei Ihnen gut aufgehoben?

____

12. Hat Ihr Partner ein Idol? Wenn ja, wen?

____

13. Welches Land möchte Ihr Partner unbedingt noch bereisen?

____

14. Was hat Ihr Partner sich beim letzten Jahreswechsel vorgenommen?

____

____

15. Hat Ihr Partner Prinzipien? Wie lauten die drei wichtigsten?

____

____

Ermitteln Sie Ihr Redebedürfnis

Beziehungen durch Reden aufzubauen und zu festigen, hat absolute Priorität in der Programmierung des weiblichen Gehirns. Eine Frau kann mühelos zwischen 6000 und 8000 Wörter am Tag von sich geben. Außerdem setzt sie zwischen 2000 und 3000 Tongeräusche zur Kommunikation ein sowie 8000 bis 10000 Gesten, Gesichtsausdrücke, Kopfbewegungen oder andere Körpersignale. Zusammengerechnet sind das im Durchschnitt mehr als 20000 »Kommunikationsträger« pro Tag, mit denen sie Botschaften übermittelt.

Vergleichen Sie das tägliche »Geplapper« einer Frau mit dem eines Mannes: Er gibt gerade mal zwischen 2000 und 4000 Wörter und 1000 bis 2000 Tongeräusche von sich und die Signale seines Körpers beschränken sich auf 2000 bis 3000 pro Tag. Zusammengerechnet sind das im Durchschnitt nur etwa 7000 »Kommunikationsträger« – etwas mehr als ein Drittel von dem, was eine Frau täglich von sich gibt.

Wie würden Sie Ihr persönliches Redebedürfnis einschätzen – eher hoch oder eher niedrig – und entsprechen Sie damit dem aktuellen Stand der Forschung? Kreuzen Sie bei dem nun folgenden Text jeweils die Antwort an, die am ehesten auf Sie zutrifft, und Sie werden es gleich wissen.

1. Sie machen gemeinsam mit Ihrem Partner eine Bergtour und erreichen nach vier Stunden Aufstieg den Gipfel. Was tun Sie?

a) Sie genießen schweigend die Aussicht und denken bei sich, dass sich die Anstrengung auf jeden Fall gelohnt hat.
b) Sie gehen ein wenig umher und sehen sich ausgiebig um, anschließend machen Sie eine Bemerkung über die herrliche Fernsicht.
c) Da Ihr Partner sich ein wenig abseits gestellt hat, rufen Sie jemanden per Handy an, um von der fantastischen Aussicht zu berichten. Falls Sie niemanden erreichen, schicken Sie eine SMS. Schließlich müssen Sie Ihr Glücksgefühl mit jemandem teilen.

2. Sie haben ein Faible für Origami und sitzen gerade an einer besonders kniffligen Figur, als Ihr Partner hereinkommt und Ihnen etwas erzählen möchte. Wie reagieren Sie?

a) Kein Problem, Sie basteln weiter, während Sie ihm zuhören.
b) Sie fühlen sich in Ihrer Konzentration gestört und bitten Ihren Partner, es Ihnen später zu erzählen, da Sie fast fertig sind und Ihre Arbeit jetzt nur ungern unterbrechen möchten.
c) Sie machen eine Pause und unterhalten sich mit ihm.

3. Angeln finden Sie ...

a) ... wunderbar! Endlich mal eine sinnvolle Tätigkeit, bei der man nicht reden muss, sondern ungestört nachdenken kann – selbst wenn man zu mehreren ist.
b) ... todlangweilig. Sie verstehen nicht, was daran so toll sein soll, einen ganzen Tag lang schweigend am See zu sitzen und darauf zu warten, dass ein Fisch anbeißt.
c) ... hin und wieder ganz reizvoll. Und zwar dann, wenn Ihnen mal nach ein wenig Ruhe ist, was allerdings nicht sehr häufig vorkommt.

4. Wie verhalten Sie sich, während Sie eine schwierige Rechenaufgabe lösen?

a) Sie murmeln die ganze Zeit über vor sich hin, weil es Ihnen dann leichter fällt, die Aufgabe zu lösen.
b) Sie beugen sich stumm über die Aufgabe und konzentrieren sich voll und ganz auf die Lösung, wobei Sie die Welt um sich herum kaum noch wahrnehmen.
c) Sie probieren ein Weilchen herum, und wenn Sie die Lösung nicht herausbekommen, fragen Sie jemanden um Hilfe.

5. Ist es Ihnen unangenehm, wenn Sie mit mehreren Menschen zusammensitzen und es entstehen längere Schweigephasen?

a) Nein, wieso?
b) Das kommt ganz auf die Situation an, manchmal kann es ganz wunderbar sein, dann wieder sehr bedrückend.
c) Ja, weil Sie dann immer denken, etwas sei nicht in Ordnung.

6. Ihr Chef bietet Ihnen einen neuen Arbeitsbereich an. Sie bitten ihn um eine Stunde Bedenkzeit und …

a) … rufen sofort Ihren Partner an, um mit ihm sämtliche Vor- und Nachteile dieses Angebots auszudiskutieren. Eventuell besprechen Sie sich auch noch mit einem Kollegen, falls Sie danach noch unsicher sind.
b) … denken nach Möglichkeit in Ruhe über den Vorschlag nach und bitten jemanden um Rat, falls Sie nicht weiterwissen.
c) … schalten die Mailbox Ihres Telefons ein, schließen Ihre Bürotür und bitten Ihre Kollegen, Sie in der nächsten Stunde nicht zu stören. Dann denken Sie in aller Ruhe über das Angebot nach und wägen sorgfältig ab.

7. Wenn ein spannender Film im Fernsehen läuft, dann …

a) … sehen Sie ihn sich gebannt an, haben aber kein Problem damit, sich zwischendurch auch mal zu unterhalten oder kurz ans Telefon zu gehen.
b) … konzentrieren Sie sich voll und ganz auf den Film. Weder telefonieren oder unterhalten Sie sich nebenher, noch erledigen Sie irgendwelche anderen Arbeiten. Sonst bekommen Sie nämlich die Hälfte des Films nicht mit und ärgern sich hinterher.
c) … kann es durchaus sein, dass Sie dabei die Zeitung lesen, diverse Arbeiten erledigen, telefonieren oder sich unterhalten, ohne dass Sie deswegen der Handlung nicht mehr folgen könnten.

8. Worin liegt für Sie der Sinn des Redens?

a) In erster Linie darin, Beziehungen zu knüpfen und Freundschaften zu pflegen.
b) Hauptsächlich darin, Fakten und Informationen zu übermitteln.
c) Das ist je nach Anlass verschieden, grundsätzlich jedoch in beiden vorher genannten Aspekten.

9. Wenn Sie etwas bedrückt, dann …

a) … müssen Sie augenblicklich mit jemandem darüber reden, weil Ihnen das Problem sonst den ganzen Tag im Kopf herumspukt und Sie an nichts anderes mehr denken können.

b) … hängt es davon ab, was Sie sonst so zu erledigen haben und wie gravierend Ihre Sorgen sind. Entweder Sie versuchen, alleine eine Lösung zu finden, oder Sie vertrauen sich jemandem an.
c) … haben Sie kein Problem damit, die Angelegenheit für einige Zeit aus Ihren Gedanken zu verbannen, bis Sie sich eingehend damit beschäftigen können oder wollen.

10. Sie gehen mit Ihrem Partner zu Ihrem Lieblingsitaliener um die Ecke. Der Abend verläuft extrem schweigsam. Was denken Sie?

a) Das hängt davon ab, ob es vorher Unstimmigkeiten gab oder nicht. Sie empfinden es gelegentlich aber auch durchaus als angenehm, gemeinsam zu schweigen.
b) Nichts Besonderes, Sie genießen das Essen, fühlen sich in der Anwesenheit Ihres Partners wohl und hängen Ihren Gedanken nach.
c) Sie fragen sich, ob er sauer auf Sie ist oder Sie womöglich nicht mehr liebt.

Testauswertung

Der große Zuhör-Test

Vergleichen Sie zunächst Ihre Antworten mit denen Ihres Partners und stellen Sie fest, wie oft diese

a) identisch,
b) teilweise übereinstimmend,
c) konträr sind.

Für sämtliche identischen Antworten erhalten Sie nun 5, für teilweise übereinstimmende 3 und für konträre 0 Punkte. Hat einer von Ihnen auf eine Frage nicht geantwortet, so wird diese ebenfalls mit 0 Punkten bewertet.

_ identische Antworten mal 5 Punkte =	_
_ teilweise übereinstimmende Antworten mal 3 Punkte =	_
_ konträre Antworten =	0
Gesamtpunktzahl =	_

75 bis 60 Punkte

Sie können wahrlich stolz auf sich sein. Ihre erreichte Punktzahl ist ein gutes Zeichen dafür, dass Sie und Ihr Partner nicht nur miteinander reden, sondern auch einander zuhören können. Machen Sie weiter so, denn richtiges Kommunikationsverhalten ist die beste Basis für eine langjährige Beziehung.

59 bis 40 Punkte

Zwar haben Sie durchaus schon mal das ein oder andere Kommunikationsproblem, doch im Grunde haben Sie beide einen guten Weg gefunden, miteinander umzugehen. Sofern Sie beide mit Ihrer momentanen Situation zufrieden sind, belassen Sie ruhig alles beim Alten. Andernfalls sollten Sie allerdings gemeinsam überlegen, wie Sie Ihr Miteinander noch verbessern können.

weniger als 40 Punkte

Oje! Um Ihre Kommunikation mit Ihrem Partner ist es leider nicht sonderlich gut bestellt. Entweder Sie kennen sich noch nicht so lange und sind einander bisher kaum vertraut, oder Sie sollten sich die Kapitel, wie Sie Ihren Partner zum Zuhören bewegen können, in unserem Buch *Warum Männer nicht zuhören und Frauen schlecht einparken* möglichst bald noch mal ganz genau durchlesen.

Ermitteln Sie Ihr Redebedürfnis

Zählen Sie anhand der folgenden Tabelle zusammen, wie viele Punkte Sie für Ihre Antworten bekommen haben, und lesen Sie das Ergebnis in der entsprechenden Rubrik nach.

1. a) 0 Punkte	3. a) 0 Punkte	5. a) 0 Punkte
b) 3 Punkte	b) 5 Punkte	b) 3 Punkte
c) 5 Punkte	c) 3 Punkte	c) 5 Punkte
2. a) 5 Punkte	4. a) 5 Punkte	6. a) 5 Punkte
b) 0 Punkte	b) 0 Punkte	b) 3 Punkte
c) 3 Punkte	c) 3 Punkte	c) 0 Punkte

7. a) 3 Punkte
   b) 0 Punkte
   c) 5 Punkte
8. a) 5 Punkte
   b) 0 Punkte
   c) 3 Punkte
9. a) 5 Punkte
   b) 3 Punkte
   c) 0 Punkte
10. a) 3 Punkte
   b) 0 Punkte
   c) 5 Punkte

50 bis 40 Punkte

Sie müssen eine Frau sein, denn Ihr Redebedürfnis ist groß bis sehr groß. Daher haben Sie nicht selten auch am Ende eines langen Tages Ihr tägliches Pensum an »Kommunikationsträgern« nicht erfüllt und noch eine Menge zu erzählen. Gut, wenn es Ihrem Partner genauso geht. Falls nicht, sollten Sie jedoch aufpassen, dass Sie ihn nicht überfordern und sich dadurch seinen Unmut zuziehen.

Während Sie nämlich bemüht sind, Ihr Pensum an noch nicht ausgesprochenen Wörtern zu erfüllen, fragt er sich, warum Sie nicht einfach mal den Mund halten und ihn in Ruhe lassen können. Es kommt ihm vor, als ob er »zu Tode gequatscht« würde. »Ich will doch nichts weiter als ein bisschen Ruhe!«, denkt er.

Sie sollten versuchen, Rücksicht darauf zu nehmen. Denn ein Mann ist ein Jäger. Er hat den ganzen Tag nach Beute gejagt. Er will manchmal einfach nur am Feuer sitzen und in die Flammen starren. Das bedeutet keineswegs, dass er kein Interesse an Ihnen hat oder etwas nicht in Ordnung ist.

39 bis 15 Punkte

Sie sind entweder eine Frau mit nicht ganz so stark ausgeprägtem Redebedürfnis oder ein Mann, der ungewöhnlich gerne und viel redet. Bei Ihnen hängt es meist ganz von Ihrem Tagesverlauf und den Ereignissen um Sie herum ab, wie groß Ihr Redebedarf ist. Er kann im Einzelfall schon mal von Tag zu Tag stark schwanken.

Solange Sie dies Ihrem Partner vermitteln können und er entsprechend damit umzugehen weiß, wird sich das auf Ihre Beziehung nur positiv auswirken. Generell gilt aber: In einer Beziehung müssen beide lernen, mit der unterschiedlichen Art ihres Partners zu kommunizieren umzugehen. Männer müssen lernen, dass eine Frau nicht unbedingt Problemlösungen erwartet, wenn sie etwas erzählt, oder ihnen den letzten Nerv rauben will, wenn sie ihren Tagesablauf bis ins kleinste Detail schildert. Und Frauen müssen lernen, dass durchaus alles in Ordnung sein kann, wenn ein Mann mal nicht den Mund aufmacht.

Mehr zu diesem Thema und den Kommunikationsproblemen zwischen Mann und Frau erfahren Sie in Kapitel 8.

weniger als 15 Punkte

Sie sind offensichtlich ein Mann, denn Ihr Redebedürfnis ist eher gering bis sehr gering. Sie müssen nicht ständig über alles und jeden reden und schätzen es sehr, immer mal wieder Momente der Ruhe und des Schweigens einzulegen, in denen Sie Ihren Gedanken freien Lauf lassen können.

Schön wäre es, wenn es Ihrer Partnerin ebenso erginge. Doch Frauen reden nun mal für ihr Leben gern (und viel) und das sollten Sie Ihrer Partnerin daher auch nicht übel nehmen. Das weibliche Gehirn ist auf das Verwenden von Sprache als wichtigstes Ausdrucksmittel programmiert und darin liegt eine seiner Stärken. Wenn eine Frau redet, geht es ihr hauptsächlich ums Reden, nicht mehr und nicht weniger.

Die gute Nachricht für die Männer lautet: Sie müssen meist nicht antworten, Sie sollen nur zuhören. Wenn eine Frau sich alles von der Seele geredet hat, fühlt sie sich erleichtert und glücklich. Obendrein wird sie auch noch denken, dass Sie ein wunderbarer Mann sind, weil Sie ihr zugehört haben, und so bestehen gute Chancen, dass Sie einen angenehmen Abend verbringen werden. Seien Sie also ein Mann, tragen Sie es mit Fassung und freuen Sie sich über die schönen Stunden.

2. Kapitel

Räumliches Vorstellungsvermögen

*»O nein, ich glaub' es nicht, Mädels …
schaut euch mal die Karte an! … Ich glaube, wir hätten an
diesem großen, grünen Berg rechts abbiegen müssen …«*

Wissen, wo es langgeht

Die Fähigkeit, Karten zu lesen, und das Verständnis dafür, wo man sich nun gerade befindet, hängt von dem räumlichen Vorstellungsvermögen einer Person ab. Gehirn-Scans haben ergeben, dass es bei Männern und Jungen in der rechten vorderen Gehirnhälfte angesiedelt und eine der am stärksten ausgebildeten Regionen des männlichen Gehirns ist. Es hat sich zu Urzeiten herausgebildet, damit Männer – die Jäger – Geschwindigkeit, Bewegung und Entfernung von Beutetieren abschätzen konnten und wussten, wie schnell sie laufen mussten, um ihre Beute zu fangen, und wie viel Kraft sie aufwenden mussten, um ihr Mittagessen mit einem Felsbrocken oder einem Speer zu erlegen. Das räumliche Vorstellungsvermögen ist bei Frauen in beiden Gehirnhälften angesiedelt, kennt allerdings keinen messbaren Bereich, wie das bei Männern der Fall ist. Lediglich um die zehn Prozent aller Frauen haben ein gutes bis ausgezeichnetes räumliches Vorstellungsvermögen. Demnach haben zirka neunzig Prozent aller Frauen ein beschränktes räumliches Vorstellungsvermögen.

Das räumliche Vorstellungsvermögen schließt die

Fähigkeit ein, sich die Form, die Maße, die Koordinaten, die Proportionen, die Bewegung und die Lage von Dingen vorzustellen. Weiterhin umfasst es die Fähigkeit, sich vorzustellen, wie ein Gegenstand im Raum gedreht wird, wie man Hürden umgeht und wie man Dinge aus einer dreidimensionalen Perspektive wahrnimmt. Bei Männern ist das räumliche Vorstellungsvermögen eine eigene Gehirnfunktion, die in mindestens vier Bereichen der rechten vorderen Gehirnhälfte angesiedelt ist.

Da Frauen keinen eigenen Bereich für das räumliche Vorstellungsvermögen haben, bedeutet das, dass sie in der Regel über eher bescheidene räumlich-visuelle Fähigkeiten verfügen. Deswegen macht es Frauen auch keinen Spaß, sich mit Tätigkeiten zu beschäftigen, die eben diese Fähigkeiten erfordern, und sie wählen selten Berufe oder Freizeitbeschäftigungen, für die sie notwendig sind.

Wie es nun um Ihr räumliches Vorstellungsvermögen, Ihre Fähigkeit, logisch zu denken, und Ihren Orientierungssinn bestellt ist und ob Sie tatsächlich den gängigen Klischees entsprechen, können Sie in den folgenden Tests herausfinden.

Räumliches Vorstellungsvermögen und logisches Denken – wie fit sind Sie wirklich?

Bei den nun folgenden Tests sind unter anderem die gleichen Fähigkeiten gefragt, die benötigt werden, um eine

Karte oder einen Stadtplan zu lesen, ein Flugzeug zu landen oder einen Büffel zu jagen.

Bei einigen Aufgaben muss sich Ihr Gehirn dazu die Abbildung dreidimensional vorstellen und sie dann gedanklich drehen, um den richtigen Winkel zu finden. Bei anderen Aufgaben werden Ihre Fähigkeit, logisch zu denken, und Ihr Kombinationsvermögen auf den Prüfstand gestellt. In jedem Fall haben wir einige harte Nüsse für Sie vorbereitet.

Test 1

Stellen Sie sich vor, dass die unten abgebildete Vorlage aus Pappe wäre. Wenn man sie jetzt an den Trennlinien falten würde, erhielte man einen Würfel mit Symbolen auf den Seitenflächen. Stellen Sie sich vor, dass sich die Seitenfläche mit dem Quadrat links und die Seitenfläche mit dem Kreis rechts befindet. Mit welchem der abgebildeten Würfel A, B, C oder D würde er übereinstimmen?

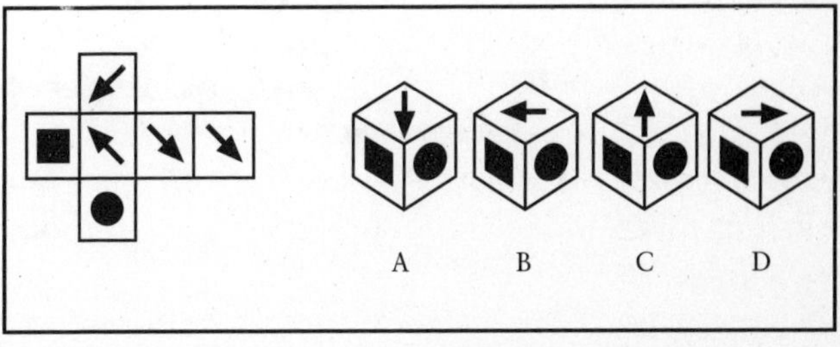

Test 1 *Mögliche Antworten für Test 1*

Test 2

Als Nächstes folgt eine kompliziertere Version des Tests, bei der Ihr Gehirn noch mehr räumliche Drehungen ausführen muss. Stellen Sie sich auch hier wieder vor, die Vorlage wäre aus Pappe und Sie würden einen Würfel daraus falten. Mit welchem der abgebildeten Vorschläge würde er übereinstimmen?

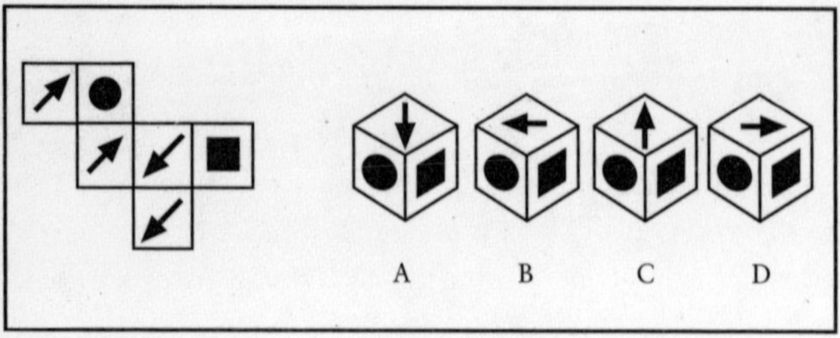

Test 2 *Mögliche Antworten für Test 2*

Neben solchen Tests wie den beiden oben angeführten lassen sich auch mit den altbekannten Streichholzspielen räumliche Vorstellungskraft und logisches Denken auf die Probe stellen. Auch hier liegt die besondere Schwierigkeit darin, dass Sie sich einige der Figuren räumlich vorstellen müssen, obwohl Sie diese mit Hilfe der Streichhölzer nur zweidimensional darstellen können. Versuchen Sie sich doch mal an den folgenden Beispielen:

Test 3

Wie lassen sich aus diesen vier Quadraten drei Quadrate machen, ohne ein Hölzchen zu entfernen?

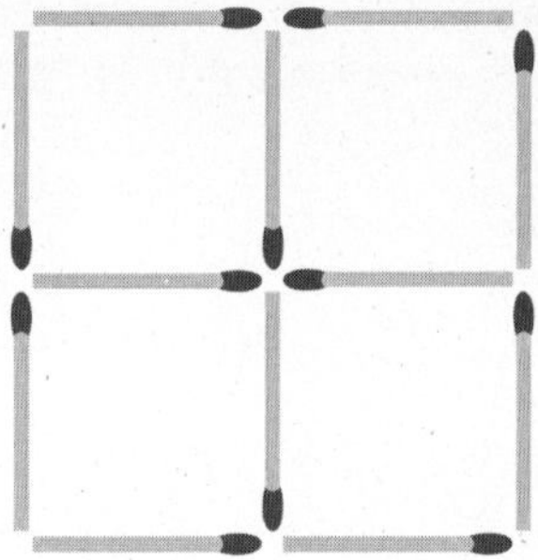

Test 4

Entfernen Sie drei Hölzchen aus der Figur in Test 3 und bilden Sie aus den restlichen wiederum drei Quadrate.

Test 5

Wie kann man aus sechs Streichhölzern vier gleichseitige Dreiecke legen?

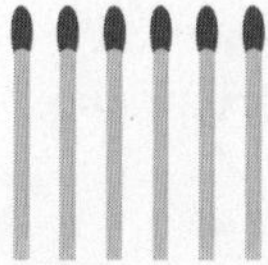

Test 6

Bei der hier abgebildeten Figur wurden aus 13 Streichhölzern sechs gleich große Felder gelegt. Nehmen Sie nun ein Streichholz weg und ordnen Sie die Hölzchen neu an, um wieder sechs gleich große Felder zu erhalten.

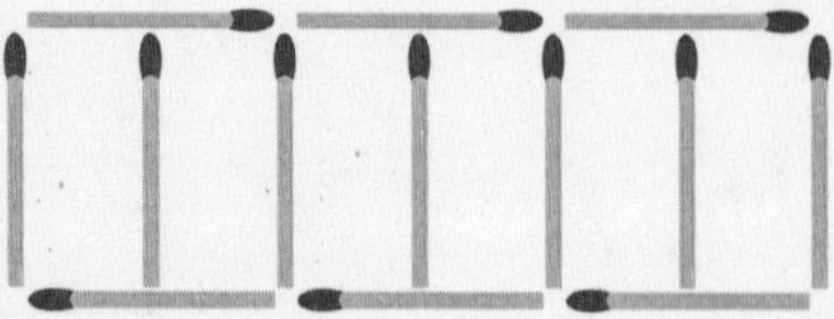

Test 7

Mit sechs Streichhölzern wurden bei der folgenden Figur insgesamt fünf Quadrate gebildet. Legen Sie nun zwei Hölzer so um, dass anschließend drei Quadrate entstehen.

Test 8

Wie kann man aus den hier abgebildeten zwölf Streichhölzern eine Figur legen, die zwölf Ecken und ausschließlich rechte Winkel hat?

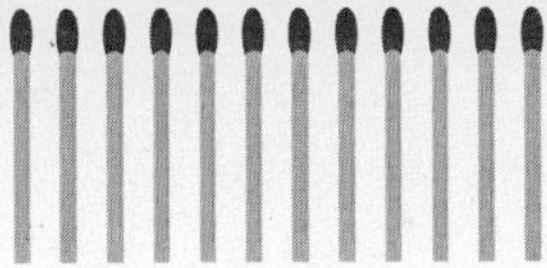

Sollten Sie den ein oder anderen Test nicht auf Anhieb lösen können oder nicht sicher sein, ob Sie tatsächlich die richtige Figur gebildet haben, so sehen Sie nicht sofort im Lösungsteil nach. Geben Sie nicht zu schnell auf, sondern versuchen Sie, die harte Nuss selbst zu knacken. Schlafen Sie ruhig eine Nacht darüber und probieren Sie es dann ein zweites Mal – es lohnt sich bestimmt! Und falls es dann immer noch nicht klappt, bitte verzweifeln Sie nicht, sondern denken Sie stets daran: Sie sind nicht allein.

Testen Sie Ihre Kartenlesefähigkeit und Ihren Orientierungssinn

Von der grauen Theorie machen wir nun einen Sprung zur Praxis und wollen überprüfen, wie gut Sie Ihren Orientierungssinn und Ihre Fähigkeit, Karten zu lesen, im Alltag einzusetzen vermögen. Im ersten Teil des Tests geht es darum, Ihre Fähigkeiten zu analysieren und einzuschätzen. Im zweiten Teil müssen Sie dann Ihr Wissen und Ihren Orientierungssinn anwenden, um die richtigen Antworten herauszufinden.

Teil 1

Kreuzen Sie jeweils die Antwort an, die Ihrem Verhalten in den beschriebenen Situationen am nächsten kommt.

1. Sie fahren mit Ihrem Auto in Richtung Süden und müssen auf der Karte eine bestimmte Straße suchen. Wie gehen Sie vor?

a) Sie werfen einen kurzen Blick in die Karte und wissen sofort, wo Sie sich befinden, wo die Straße liegt und wo Sie folglich langfahren müssen.
b) Sie starren mehrere Minuten lang stumm auf die Karte und drehen sie anschließend auf den Kopf, um sie in der Richtung anzuschauen, in die Sie fahren. Doch selbst dann fällt es Ihnen noch schwer, die Straße zu finden.
c) Sie müssen die Karte eingehend studieren und ein bisschen hin und her drehen, bis Sie die Straße finden. Manchmal schaffen Sie es auch nicht, aber dann bitten Sie um Hilfe.

2. Sie sind mit einer Reisegruppe in Prag unterwegs und laufen schon den ganzen Morgen durch die Innenstadt, als einer der Mitreisenden Sie fragt, in welche Richtung von Ihnen aus gesehen die Prager Burg liegt.

a) Sie zeigen ohne zu zögern in die richtige Richtung und weisen dem Fragenden den Weg.
b) Sie erinnern sich zwar, dass die Burg auf Ihrem

Stadtplan oben links abgebildet ist, können aber unmöglich die Richtung anzeigen.

c) Sie wissen, dass die Burg im Nordwesten der Stadt liegt, und zeigen, nachdem Sie sich anhand der Sonne und Ihres momentanen Standpunktes orientiert haben, grob in die richtige Richtung.

3. Sie machen Urlaub in den USA und besuchen ein Baseballspiel in einem dieser riesigen Stadien. Zwischendurch gehen Sie zur Toilette. Wie lange brauchen Sie für den Rückweg?

a) Nicht lange, schließlich wissen Sie, wo Sie vorher saßen.
b) Unter Umständen sehr lange, da es leicht passieren kann, dass Sie den falschen Aufgang erwischen und ziellos umherirren.
c) Sie müssen sich vorher genau einprägen, in welchem Block Sie sitzen, dann finden Sie sich durchaus zurecht.

4. Sie haben sich einen Videorecorder gekauft und wollen das Gerät anhand der Bedienungsanleitung programmieren. Gelingt es Ihnen auf Anhieb?

a) Selbstverständlich!
b) Nein, Sie geben irgendwann entnervt auf.
c) Sie brauchen ein Weilchen und müssen manche Anweisungen mehrfach lesen, aber in der Regel gelingt es Ihnen.

5. Sie haben Ihren Stadtplan vergessen, entdecken aber in der Ortsmitte einen Umgebungsplan, auf dem auch die Straße verzeichnet ist, die Sie gerade suchen. Was passiert?

a) Sie sehen sich den Weg kurz an und finden anschließend problemlos zu der gesuchten Straße.
b) Sie versuchen, sich den Weg anhand des Plans zu merken, haben ihn aber schon nach knapp 200 Metern wieder vergessen.
c) Sie müssen ein Weilchen auf den Plan sehen, um sich den Weg genau einzuprägen, und versuchen, ihn sich anhand markanter Punkte (Kirchen, Rathaus etc.) zu merken, was Ihnen mit ein wenig Mühe auch gelingt.

6. Waren Sie in der Schule gut in Mathematik?

a) Ja, und der Unterricht hat Ihnen immer Spaß gemacht.
b) Nein, Sie waren ziemlich schlecht, vor allem in Geometrie.
c) Es ging so. Einiges konnten Sie ganz gut, anderes fiel Ihnen recht schwer.

7. Sie haben sich verfahren und fragen einen Passanten nach dem Weg. Dieser erklärt Ihnen hastig, wie Sie fahren müssen. Finden Sie anschließend an Ihr Ziel?

a) Ja, denn Sie haben seine Worte »abgespeichert«.
b) Nein, denn schon nach kurzer Zeit können Sie sich nicht mehr genau erinnern, ob Sie links oder rechts abbiegen sollten.

c) Normalerweise schon, nur wenn die Erklärung zu umständlich war, haben Sie Probleme.

8. Wenn Sie sich in einem Raum ohne Fenster befänden, könnten Sie dann sagen, wo Norden ist?

a) Ja, und zwar ohne Probleme.
b) Nein, niemals.
c) Wenn Sie ein Weilchen überlegen, schon.

9. Beim Umzug wollen die Möbelpacker von Ihnen wissen, wo sie Ihre Esszimmeranrichte hinstellen sollen. Wie gehen Sie vor?

a) Sie sehen sich die Anrichte kurz an und wissen dann sofort, ob sie noch neben die Küchentür passt oder nicht.
b) Sie messen das Möbelstück genau aus und schreiben die Maße auf einen Zettel, da Sie diese sonst vergessen haben, bis Sie in der Wohnung sind. Die Stelle neben der Küchentür messen Sie dann ebenfalls nach.
c) Sie mustern die Anrichte eingehend und rufen sich dann ins Gedächtnis, wie breit die Stelle in der Wohnung ist. Falls Sie nicht sicher sind, messen Sie nach.

10. Sie sind mit dem Auto zum Shoppen in ein riesiges Einkaufszentrum gefahren und haben Ihr Fahrzeug in einem mehrstöckigen Parkhaus abgestellt. Finden Sie den Wagen nach dem Einkauf problemlos wieder?

a) Natürlich, Sie brauchen nicht mal darüber nachzudenken, wo er steht.
b) Nein, Sie müssen wahrscheinlich mehrere Stockwerke ablaufen, bevor Sie ihn wiederfinden.
c) Da Sie sich kennen, haben Sie sich vorher das Stockwerk genau eingeprägt. Dennoch kann es passieren, dass Sie in die falsche Richtung laufen.

Teil 2

1. Auf welcher der drei Zeichnungen ist Italien korrekt abgebildet?

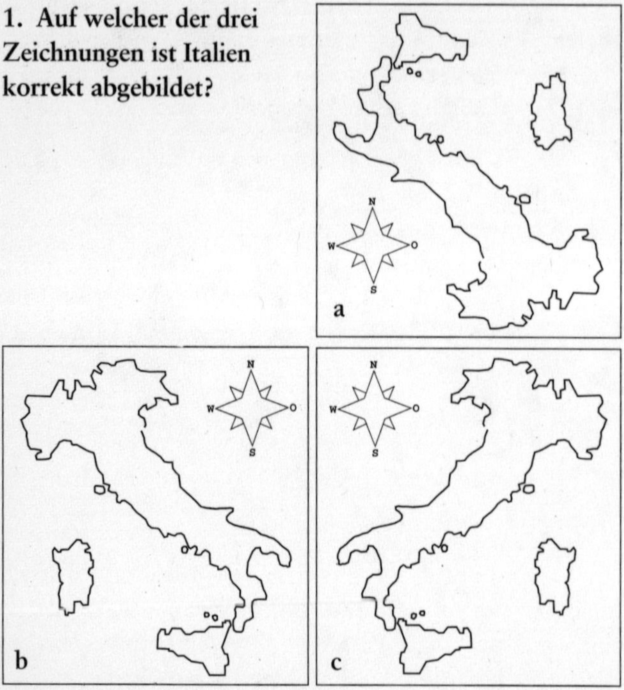

2. Sie sind in England unterwegs und fahren auf der Landstraße von Hull (im Osten der Insel) nach Liverpool (an der Westküste). Wenn Sie nun einen Abstecher ins südlicher gelegene London machen wollten, müssten Sie dann nach rechts oder links abbiegen?

a) Nach links
b) Nach rechts

3. Sie sind auf einer vierspurigen Straße in der Großstadt in Richtung Norden unterwegs und wollen links abbiegen, was leider nicht möglich ist. Daher fahren Sie an der nächsten Kreuzung rechts und anschließend noch mal rechts, müssen dann aber leider links abbiegen, da Sie an eine Einbahnstraße kommen. In welche Himmelsrichtung fahren Sie nun?

a) Nach Norden
b) Nach Osten
c) Nach Süden
d) Nach Westen

4. Auf dieser Karte ist Japan abgebildet. Bitte zeichnen Sie ein, wo Norden ist.

5. Welches europäische Land ist hier abgebildet und was ist an der Abbildung besonders?

Land: ______________________________

Das Besondere ist: ______________________________

6. Sie fahren auf einer Straße in südlicher Richtung und biegen zunächst rechts und dann links ab. Nach einer scharfen Rechtskurve (90 Grad) biegen Sie noch zweimal links ab und sind am Ziel. In welche Himmelsrichtung blicken Sie, wenn Sie nun in den Rückspiegel schauen?

a) Nach Norden
b) Nach Osten
c) Nach Süden
d) Nach Westen

7. Hier sehen Sie eine Abbildung von Australien. Bitte zeichnen Sie die Hauptstadt Canberra korrekt ein.

8. Sie sind in Madrid (im Landesinneren) bei Freunden zu Besuch, stehen auf dem Balkon und blicken in Richtung Malaga (an der Südküste). Liegt Barcelona (im Osten des Landes) dann in Blickrichtung rechts oder links von Ihnen?

a) Rechts
b) Links

9. Auf welcher der drei Zeichnungen ist Afrika korrekt abgebildet?

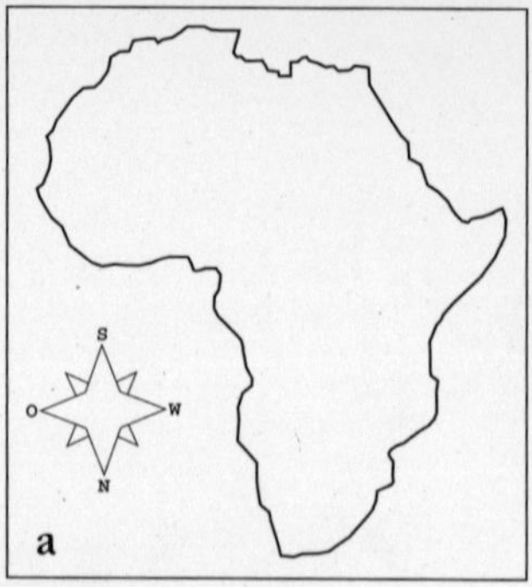

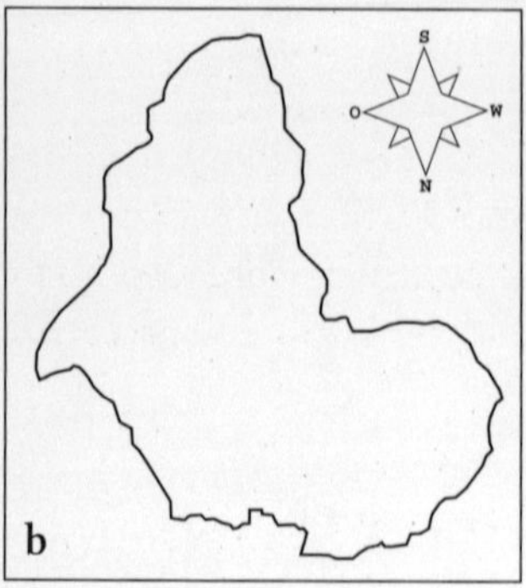

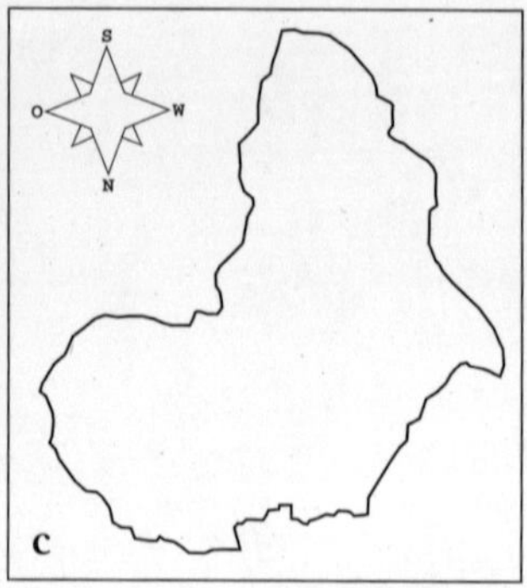

10. Sie fahren auf Malta im Linksverkehr aus nördlicher Richtung kommend und biegen rechts ab. An der dritten Kreuzung fahren Sie nach links und parken anschließend entgegen Ihrer Fahrtrichtung auf der gegenüberliegenden Straßenseite. In welche Himmelsrichtung zeigt nun die Motorhaube Ihres Autos?

a) Nach Norden
b) Nach Osten
c) Nach Süden
d) Nach Westen

Auflösungen

Tests zum logischen Denken und räumlichen Vorstellungsvermögen

Vergleichen Sie nun Ihre Lösungen mit den hier beschriebenen. Haben Sie alle Aufgaben richtig gelöst, verfügen Sie über ein hervorragendes räumliches Vorstellungsvermögen – und was das logische Denken angeht, sind Ihre Fähigkeiten auch nicht gerade von Pappe. Einige falsche Lösungen oder nicht bewältigte Aufgaben lassen immer noch auf ein gutes bis sehr gutes räumliches Vorstellungsvermögen und logisches Denken schließen. Wer nur wenige oder gar keine der gestellten Aufgaben lösen konnte, bei dem ist diese Hirnfunktion entsprechend schwach ausgebildet.

Test 1
Er würde mit dem Würfel B übereinstimmen. Dieser Test war eher zum Aufwärmen und dürfte Ihnen keine großen Schwierigkeiten gemacht haben.

Test 2
Er würde mit dem Vorschlag A übereinstimmen. Diese Variante dagegen war weitaus kniffliger, verzweifeln Sie also nicht, falls Ihnen die Lösung nicht auf Anhieb eingefallen ist.

Test 3

Wenn Sie die Hölzchen richtig umgelegt haben, ergibt sich folgende Figur:

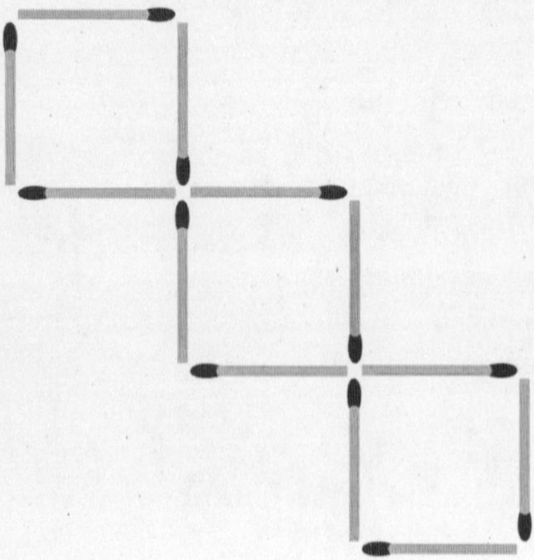

Test 4

Die drei Quadrate sehen so aus:

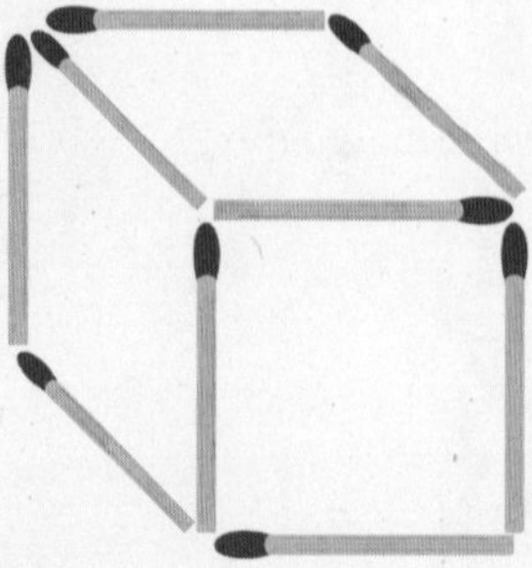

Test 5
Die drei Streichhölzer im Grunddreieck müssen leicht gekürzt werden, damit sie sich in der Mitte treffen, und ermöglichen so ein dreidimensionales Gebilde.

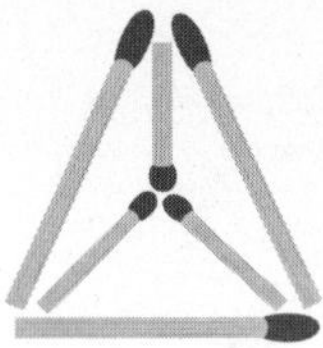

Test 6
Dies ist die korrekte Figur:

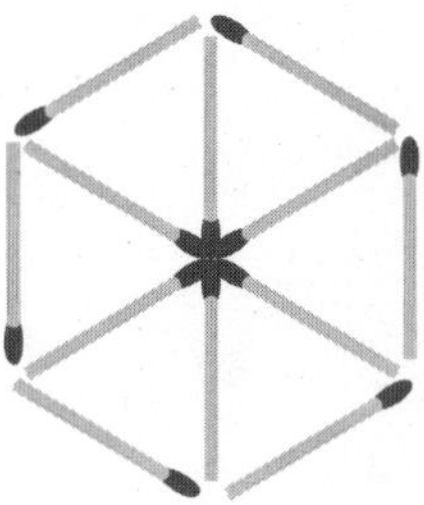

Test 7
Durch Umlegen der beiden Hölzchen entstehen drei Quadrate (und zwei Rechtecke).

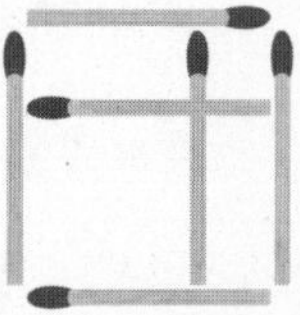

Test 8
Die Figur muss folgendermaßen aussehen:

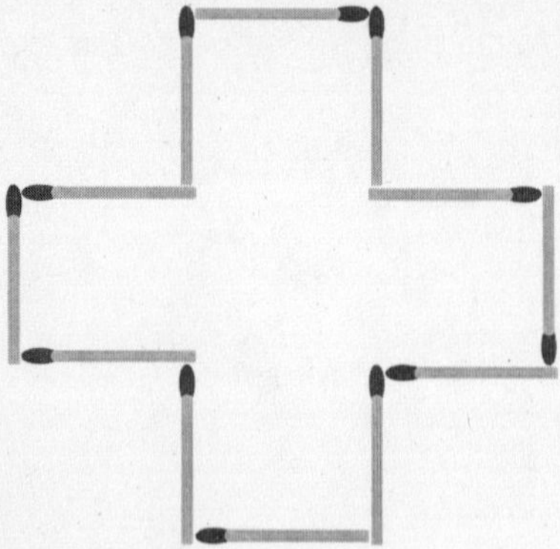

Tests zu Kartenlesefähigkeit und Orientierungssinn

Teil 1

Zählen Sie nun zusammen, wie oft Sie mit a, b oder c geantwortet haben, und verwenden Sie anschließend die folgenden Tabellen, um Ihre Gesamtpunktzahl zu errechnen.

Frauen:	
Anzahl der a-Antworten mal minus 5 Punkte	_
Anzahl der b-Antworten mal 15 Punkte	_
Anzahl der c-Antworten mal 5 Punkte	_
Gesamtpunktzahl	**_**

Männer:
Anzahl der a-Antworten mal minus 5 Punkte __
Anzahl der b-Antworten mal 10 Punkte __
Anzahl der c-Antworten mal 5 Punkte __
Gesamtpunktzahl __

Für jede Frage, die auf Sie nicht zutraf oder die Sie nicht beantworten konnten, geben Sie sich bitte 5 Punkte.

Die meisten Männer werden eine Punktzahl zwischen –20 und 60 erreichen, die meisten Frauen eine Punktzahl zwischen 50 und 100. Menschen, die weder ein besonders gutes noch ein besonders schlechtes räumliches Vorstellungsvermögen haben, werden eine Punktzahl im Überschneidungsbereich von 50 bis 60 erzielen. Bitte bedenken Sie dabei, dass es selbstverständlich immer auch Ausnahmen gibt.

Ein Mann mit gut ausgeprägtem räumlichen Vorstellungsvermögen erreicht in der Regel weniger als 50 Punkte. Je weiter die Punktzahl auf unter 0 zustrebt, desto besser kann er sich orientieren und räumlich denken. Eine Frau mit eher gering ausgeprägtem räumlichen Vorstellungsvermögen erreicht in der Regel mehr als 60 Punkte. Je höher die Punktzahl, desto schlechter sind der Orientierungssinn und die Fähigkeit, Karten zu lesen. Punktzahlen zwischen 50 und 60 deuten auf eine kompatible Denkweise hin und lassen ein hohes Maß an Flexibilität erkennen.

Teil 2

Vergleichen Sie nun Ihre Lösungen mit den hier beschriebenen. Als Bewertungskriterien gelten hierbei die gleichen wie in den Tests zum räumlichen Vorstellungsvermögen.

1.

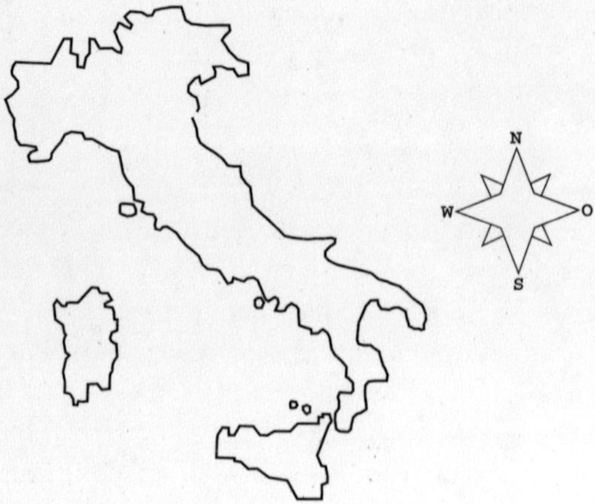

Das war ja noch einfach, auch für die Frauen – schließlich sieht das Land wie ein Stiefel aus. Die richtige Lösung lautet Abbildung b.

2. Antwort a ist richtig. Sie müssen nach links abbiegen.

3. Sie fahren nach Osten, also Antwort b.

4. Die Karte von Japan wurde um 90 Grad nach links gedreht.

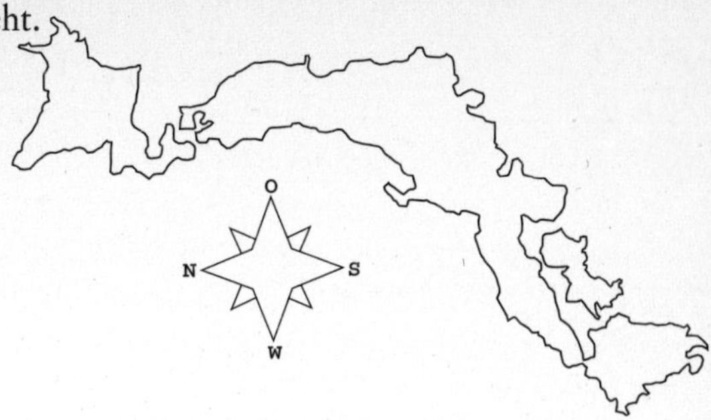

5. Es ist Deutschland, allerdings spiegelverkehrt abgebildet.

6. Sie blicken nach Westen, daher ist Antwort d korrekt.

7. Die Karte von Australien wurde um 90 Grad nach links gedreht.

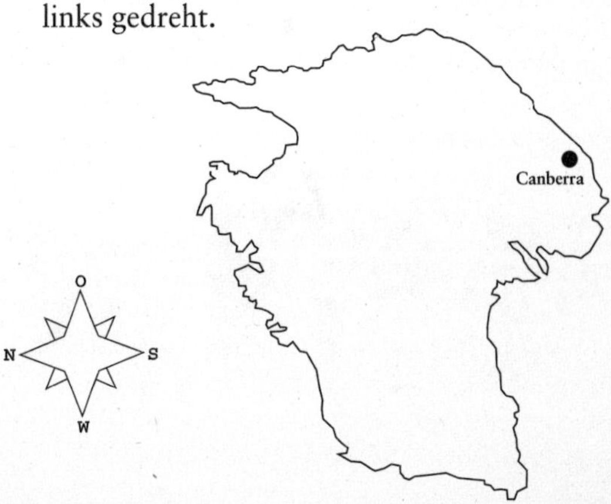

8. Barcelona liegt links.

9. Die Karte b ist richtig.

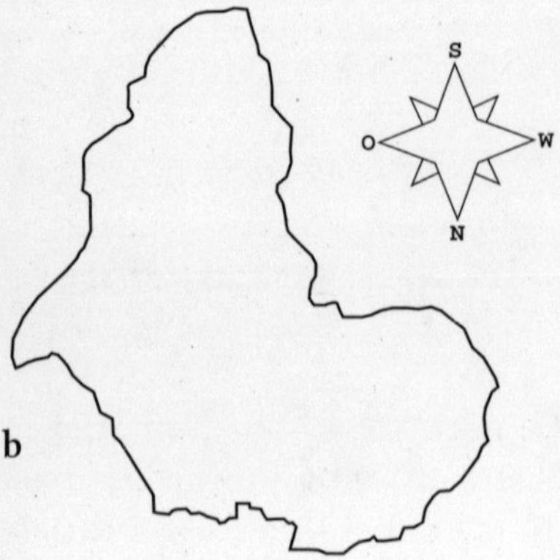

b

10. Die Motorhaube Ihres Autos zeigt nach Norden.

Testauswertung

Sollten jetzt vor allem die Frauen unter Ihnen in diesem Kapitel eher schlechte und die Männer eher gute Testergebnisse erzielt haben, so ist dies für die Frauen noch lange kein Grund, sich zu grämen. Was soll's – Sie machen eben Ihrem Geschlecht alle Ehre.

In der Einleitung zu diesem Kapitel haben wir ja schon einige Aspekte angesprochen, die erklären, warum das räumliche Vorstellungsvermögen bei Frauen deutlich schlechter ausgeprägt ist. Die Fähigkeit, Tiere zu jagen und den Weg zurück nach Hause zu finden, hat niemals zum Aufgabengebiet der Frauen gehört. Sie mussten also noch nie etwas anderes jagen als Männer. Und deswegen haben sie heute in der Mehrzahl Probleme, eine Straßenkarte oder einen Stadtplan zu lesen.

Dementsprechend ist die Überlegenheit der Männer hinsichtlich des räumlichen Vorstellungsvermögens ebenfalls nicht überraschend. Als ehemalige Jäger sind sie eben geübt darin, Geschwindigkeiten, Entfernungen, Winkel und Richtungen abzuschätzen, und genau diese Fähigkeiten setzen sie heute noch beim Lesen von Straßenkarten und Stadtplänen ein.

Sein gutes räumliches Vorstellungsvermögen ermöglicht es dem Mann, in seinem Kopf eine Karte so zu drehen, dass er weiß, in welche Richtung er gehen muss. Wenn er zu einem späteren Zeitpunkt wieder an den gleichen Ort zurückkehren will, braucht er keine Karte mehr, denn alle relevanten Informationen sind bei ihm im Gehirn gespeichert. Die meisten Männer können nach Norden schauend eine Karte lesen, obwohl sie später nach Süden fahren müssen. Auch können viele Männer eine Karte lesen, sie beiseite legen und dann aus dem Gedächtnis den Weg zu ihrem Ziel finden. Untersuchungen haben ergeben, dass das Gehirn eines Mannes Geschwindigkeiten und Entfernungen misst, um zu wissen, wann er die Richtung ändern muss.

Da es im Gehirn von Frauen mehr Verknüpfungen

zwischen rechter und linker Hälfte gibt – ihr Corpus callosum ist dicker als das von Männern –, gibt es auch mehr beidhändige Frauen als Männer und weitaus mehr Frauen haben Schwierigkeiten, die rechte und linke Hand auseinander zu halten.

Frauen haben hauptsächlich deswegen Probleme damit, Karten zu lesen und mit ihnen klarzukommen, weil sie eine dreidimensionale Perspektive brauchen, um einen Weg zu finden. Männer sind in der Lage, eine zweidimensionale Karte in ihrem Kopf in eine dreidimensionale Ansicht umzuwandeln, Frauen können so etwas nur in den seltensten Fällen. Verwenden sie jedoch perspektivisch gezeichnete Karten, so verbessern sich ihre Navigationsfähigkeiten deutlich. Im Gegensatz zu Männern sind sie nämlich nicht in der Lage, Lautsignale in dreidimensionale Karten umzuwandeln, mit denen sie sich vor ihrem inneren Auge die richtige Richtung und Route vorstellen können.

Kann man seine räumlichen Fähigkeiten verbessern?

Ja, man kann. Beispielsweise, indem man immer wieder die Tätigkeiten übt, bei denen es auf das räumliche Vorstellungsvermögen ankommt, bis das Gehirn genug Verbindungen hergestellt hat. Bei dieser Methode muss man allerdings sehr viel Geduld mitbringen.

Es ist inzwischen erwiesen, dass Übung und beharrliches Wiederholen einer Tätigkeit dazu beitragen, dauerhafte Gehirnverbindungen für eine bestimmte Aufgabe zu bilden. Wenn Sie also üben und lernen, wie man Straßenkarten liest, können Sie Ihre praktischen Fähigkeiten darin stark verbessern, ebenso wie das tägliche Üben auf dem Klavier irgendwann Früchte trägt. Außer in gewissen Ausnahmefällen ist jedoch ständiges und ausdauerndes Üben erforderlich, um ein gewisses Niveau auch zu halten. Mit anderen Worten: Wenn Klavierspieler oder Kartenleser nicht ständig üben, werden ihre antrainierten Fähigkeiten schnell wieder verkümmern und es wird länger dauern, um sie wieder auf ein gewisses Niveau zu bringen, als das bei einem Menschen der Fall ist, dessen Gehirn für diese Aufgaben ausgerichtet ist.

Alternative Strategien

Sollte Ihnen diese Methode zu anstrengend oder zu wenig erfolgversprechend sein, so gibt es durchaus noch einige alternative Strategien, über die es sich nachzudenken lohnt. Wenn Männer aufhören, Frauen darum zu bitten, ihnen den Weg zu weisen, wird sich allgemeine Zufriedenheit einstellen, und wenn Frauen aufhören, den Fahrstil von Männern zu kritisieren, wird es nur halb so viele Auseinandersetzungen geben. Wir alle haben unterschiedliche Stärken und Schwächen. Wenn Sie also eine bestimmte Aufgabe nicht gut bewältigen können, nehmen Sie sich das nicht zu Herzen! Mit ein bisschen Übung können Sie Ihre Fähigkeiten verbessern. Doch vermasseln Sie sich damit auf keinen Fall die gute Laune – oder die Ihres Partners!

Wollen Sie ein glückliches Leben führen? Dann sollten Sie als Mann niemals darauf bestehen, dass eine Frau eine Karte oder einen Stadtplan für Sie liest. Und als Frau überlassen Sie die Wegfindung zukünftig dem Mann – so einfach ist das!

3. Kapitel

Vom Einparken und Autofahren

Ein Sonntagsausflug

Ein jeder auf seine Art und Weise

Wenn es ums Autofahren geht, ist ein Streit zwischen Mann und Frau im Grunde vorprogrammiert. Denn hier werden die Unterschiede zwischen beiden Geschlechtern besonders deutlich. Egal ob es darum geht, dass Frauen schlechter einparken und keine Karten lesen können, oder darum, dass Männer unfähig sind, nach dem Weg zu fragen, wenn Sie sich verfahren haben.

Nicht umsonst sagt man, dass sich ein Mann, der seiner Frau das Autofahren beibringen will, auf dem besten Weg zum Scheidungsrichter befindet. Wenn ein Mann Auto fährt, testet er dabei, wie gut sein räumliches Vorstellungsvermögen in der jeweiligen Umgebung funktioniert. Für eine Frau liegt der Sinn des Autofahrens darin, sicher von Punkt A nach Punkt B zu kommen. Das Beste, was ein Mann auf dem Beifahrersitz tun kann, ist, die Augen zu schließen, das Radio lauter zu drehen und sich seine Kommentare zu verkneifen, denn Frauen fahren generell sicherer als Männer. Sie wird ihn schon ans Ziel bringen, auch wenn es vielleicht ein wenig länger dauert. Aber wenigstens kann er sich entspannt zurücklehnen und wird heil und wohlbehalten ankommen.

Eine Frau kritisiert die Fahrweise eines Mannes, weil ihm sein räumliches Vorstellungsvermögen Entscheidungen und Einschätzungen ermöglicht, die in ihren Augen gefährlich sind. Abgesehen von den Fällen, in denen er nachweislich ein schlechter Fahrer ist, sollte auch sie sich entspannt zurücklehnen und ihn in Ruhe fahren lassen, statt ihn zu kritisieren.

Sie sehen also: Männer und Frauen bringen völlig unterschiedliche Voraussetzungen zum Autofahren mit und das führt zu mitunter deutlichen Unterschieden: in der Fahrweise, in der Reaktion auf bestimmte Ereignisse und – ein besonders heikles Thema – beim Einparken.

Auf den ersten Blick

Wenn man Sie auffordern würde, in einer Straße alle am Randstein geparkten Autos zu betrachten, wären Sie dann in der Lage, die Autos, die von Männern abgestellt wurden, von denen zu unterscheiden, die Frauen eingeparkt haben? Oder merken Sie alleine am Fahrstil, ob das auf einer kurvenreichen Strecke vor Ihnen fahrende Auto von einem Mann oder einer Frau gelenkt wird? Wir sind überzeugt: Sie können es, und zwar in den meisten Fällen sogar auf den ersten Blick.

Sie wollen wissen, ob Sie auch den Stereotypen entsprechen? Dann machen Sie doch die Probe aufs Exempel und beantworten Sie unseren großen Autofahr- und Einpark-Test. Hier werden Sie nicht nur herausfinden, was für ein Autofahrtyp Sie sind, sondern auch interessante Details über sich und Ihr Verhalten erfahren. Und vergessen Sie eines nicht: Für alle Phänomene gibt es eine Erklärung. Die sollten Sie sich im Auswertungsteil jedoch nicht nur genau durchlesen, sondern auch immer dann in Erinnerung rufen, wenn Ihnen mal wieder schier der Kragen platzt, weil Sie am Fahrverhalten Ihres Partners zu verzweifeln drohen.

Der große Autofahr- und Einpark-Test

Mit Sicherheit werden Sie sich noch an Ihre Führerscheinprüfung zurückerinnern. Wie Sie mit schweißnassen Händen herumgekurvt sind, in der Hoffnung, der Fahrlehrer möge den Prüfer durch ein intensives Gespräch von Ihren rasanten Überholmanövern ablenken oder Ihnen bliebe das rückwärts Einparken erspart. Doch keine Angst, wir werden Sie hier nicht erneut in die Mangel nehmen und Ihnen attestieren, ob Sie Ihren Führerschein seinerzeit zu Recht von Ihrem Prüfer bekommen haben oder ob es eher den Anschein hat, als hätten Sie das Dokument im Lotto gewonnen – wie Ihnen vielleicht schon mal der ein oder andere Verkehrsteilnehmer in einer brenzligen Situation vorschnell unterstellt hat.

Finden Sie vielmehr heraus, ob Sie sich im Straßenverkehr eher typisch männlich oder typisch weiblich verhalten, und lesen Sie in der Auswertung auch gleich noch nach, was damit gemeint ist.

Wir wünschen Ihnen auf jeden Fall schon mal viel Spaß und weiterhin gute Fahrt!

1. Sie sind an einem trüben Winternachmittag mit dem Auto auf einer Landstraße unterwegs, als es leicht zu nieseln anfängt. Was tun Sie?

a) Sie schalten die Scheibenwischer ein, sobald Sie den ersten Tropfen auf der Windschutzscheibe entdecken, und stellen sie möglichst hoch ein, weil Sie unbedingt klare Sicht brauchen – gerade bei trübem Wetter.
b) Sie stellen die Scheibenwischer ein und probieren dann so lange herum, bis Sie die Geschwindigkeit ungefähr an die Stärke des Regens angepasst haben.
c) Sie warten so lange, bis die richtige Menge Regentropfen im Verhältnis zur Geschwindigkeit der Scheibenwischer auf die Windschutzscheibe trifft, und schalten erst dann die Scheibenwischer ein.

2. Sie kommen nach einem anstrengenden Arbeitstag nach Hause und haben mal wieder Pech: Die Parkplätze in Ihrer und den angrenzenden Straßen sind alle belegt. Wie verhalten Sie sich?

a) Sie fahren eben noch ein Weilchen um den Block, zumal gerade ein schönes Lied im Radio läuft. Falls Sie dann immer noch nichts finden, stellen Sie sich auf den Bürgersteig – in der Hoffnung, dass die Politessen heute nicht mehr vorbeikommen.
b) Sie sind zwar hungrig und müde und möchten schnellstmöglich nach Hause, aber zum Suchen haben Sie jetzt auch keine Lust. Also halten Sie in

zweiter Reihe und lesen die Zeitung, bis jemand wegfährt.

c) Ihrer Meinung nach gehört das rückwärts Einparken parallel zum Randstein ohnehin verboten. Daher parken Sie lieber gleich etwa einen halben Kilometer entfernt auf einem öffentlichen Parkplatz, weil Sie wissen, dass dort um diese Zeit immer etwas frei ist.

3. Sie sind allein mit dem Wagen unterwegs, um Freunde zu besuchen, die kürzlich umgezogen sind. Wie verhalten Sie sich, wenn Sie merken, dass Sie sich verfahren haben?

a) Da Sie allein unterwegs sind, können Sie ohnehin nicht gleichzeitig die Karte studieren und fahren, zumal Sie nicht auf einen Blick erfassen würden, wo genau auf der Karte Sie sich befinden. Also halten Sie Ausschau nach einem Passanten und lassen sich den Weg erklären – die Anwohner kennen sich hier auf jeden Fall besser aus als Sie.

b) Sie fahren so schnell wie möglich an die Seite und halten an, um auf der Karte nachzusehen, wo Sie falsch abgebogen sind. Notfalls kehren Sie um und fahren ein Stück zurück. Schließlich wollen Sie auf dem kürzesten Weg ankommen und nicht durch zielloses Herumsuchen kostbare Zeit verlieren.

c) Bevor Sie jemanden fragen, der Ihnen womöglich auch nur den falschen Weg weist, fahren Sie rein nach Gefühl einfach mal in die richtige Himmelsrichtung weiter. Früher oder später werden Sie den Weg dann schon finden, schließlich hat das bisher noch immer geklappt und außerdem ist der Tank noch fast voll.

4. Sie fahren zum Einkaufen in den Supermarkt, doch alle firmeneigenen Parkplätze sind belegt. Da entdecken Sie am Straßenrand noch eine ausreichend große Lücke und parken rückwärts ein. Wie sieht das Ergebnis aus?

a) Zwar steht Ihr Auto mit Abstand am weitesten vom Randstein weg, doch da Sie eh nur schnell eine Flasche Milch besorgen wollen, stört Sie das nicht weiter. Schließlich sind Sie ja gleich zurück.
b) Selbstverständlich steht Ihr Auto in perfektem Abstand parallel zum Randstein – etwas anderes hatten Sie auch nicht erwartet.
c) Sie brauchen ganze drei Versuche, um in die Parklücke zu gelangen, und müssen auch mehrere Male vor und zurück rangieren, bis der Wagen richtig steht. Sie nehmen sich vor, das nächste Mal lieber wieder auf eine freie Parkbucht zu warten.

5. Wie verhalten Sie sich in der Regel als Beifahrer?

a) Sie lassen den anderen fahren und kommentieren auch seine Fahrweise nicht weiter. Falls der Fahrer Sie bittet, auf den Weg zu achten, lesen Sie die Karte oder passen mit auf, wann Sie abbiegen müssen. Ansonsten mischen Sie sich nicht ein.

b) Sie sparen nicht mit Anweisungen wie »Links abbiegen – gib Gas! – schalt runter – pass auf, da vorne – siehst du die Fußgänger dort?«, da es Sie nervös macht, wenn Sie nicht selbst fahren. Schließlich können Sie nie so genau wissen, ob der andere ebenso schnell und gut reagiert, wie Sie es tun würden.
c) Sie fühlen sich nicht richtig wohl in Ihrer Haut, weil Sie wesentlich passiver fahren würden und Angst haben, dass der Fahrer auf mögliche Gefahren nicht rechtzeitig reagieren kann. Entsprechend ermahnen Sie ihn mehrmals, nicht so schnell zu fahren oder mehr Abstand zu halten.

6. Sie gehen gerade mit Ihrem Hund spazieren, als Sie jemand anspricht und nach dem Weg zum nächsten Augenarzt fragt. Wie lautet Ihre Wegbeschreibung?

a) Zwar ist Ihnen das Praxisschild schon mehrfach aufgefallen und Sie können sich auch genau an den Namen des Arztes erinnern, doch Sie wissen gerade beim besten Willen nicht, in welcher Straße das war. Um nicht unhöflich zu erscheinen, weisen Sie mit der Hand grob in die Richtung, aus der Sie gerade kommen, und sagen mit einem entschuldigenden Lächeln: »Ich meine, da lang. Aber Sie sollten vielleicht den Bus nehmen, es ist schon ein Stück zu laufen.«
b) Sie erklären Ihrem Gegenüber den Weg so, wie Sie sich selbst orientieren, sagen also: »Da vorne gehen sie jetzt rechts ... oder war es links? Jedenfalls sehen Sie an der Ecke ein Schuhgeschäft, in die

Straße müssen Sie reingehen, und nach etwa fünf Häusern kommt ein italienisches Restaurant, da war früher ein türkischer Schnellimbiss, aber dort ist es noch nicht, sondern eine Querstraße weiter auf der gegenüberliegenden Seite.«

c) Sie überlegen kurz, dann erklären Sie dem Fremden den kürzesten Weg zur Praxis, wobei Sie ihm genaueste Angaben machen: »Sie gehen jetzt dreihundert Meter die Heinestraße in südliche Richtung entlang und anschließend biegen Sie rechts in die Goethe ab. An der dritten Ampel überqueren Sie dann die Straße und müssen noch knapp fünfzig Meter weitergehen. Dort ist es dann.«

7. Sie sind zu zweit auf der Autobahn unterwegs und unterhalten sich gerade über Ihre neugierige Nachbarin, während der neue Song von Madonna im Autoradio läuft. Kurz vor dem nächsten Autobahnkreuz bittet Sie der Fahrer, auf der Karte nachzusehen, wo Sie abfahren müssen. Wie verhalten Sie sich?

a) Sie reden zwar weiter, stellen aber das Autoradio aus, bevor Sie einen kurzen Blick in die Karte werfen und ihm im nächsten Satz den Weg erklären.

b) Sie hören sofort auf zu reden und vertiefen sich in die Karte, wobei Sie diese erst in verschiedene Richtungen drehen müssen, um den richtigen Weg zu ermitteln.

c) Sie summen ebenso laut wie falsch das Lied von Madonna mit und werfen einen kurzen Blick in die

Karte, orientieren sich dann jedoch an den Hinweisschildern auf der Autobahn.

8. Stellen Sie sich einmal vor, Sie säßen im Stadtrat und dürften mit darüber entscheiden, wie die Parkplätze eines großen Einkaufszentrums im neu ausgewiesenen Gewerbegebiet aussehen sollen. Wie würden Sie abstimmen?

a) Sie votieren selbstverständlich für großzügig angelegte Parkbuchten, die selbst für einen Siebentonner breit genug wären und in die man nicht nur problemlos vorwärts einparken, sondern auch wieder genauso herausfahren kann. Dass dafür einige zusätzliche Fahrspuren erforderlich wären, stört Sie nicht weiter. Schließlich ist es nicht Ihr Geld, das da verbaut wird.

b) Sie setzen sich dafür ein, dass es auf jeden Fall ausreichend Parkplätze gibt, um die Situation für die Kunden möglichst entspannt zu gestalten, da Sie aus eigener Erfahrung wissen, wie unangenehm sich etwa der samstägliche Kampf um die begehrtesten Parklücken gestalten kann, den Sie schon mehr als einmal verloren haben.

c) Die Parkplatzsituation interessiert Sie nicht weiter, schließlich ist Einparken für Sie ein Kinderspiel, und wer es nicht beherrscht, soll eben woanders einkaufen. Dafür interessiert es Sie viel mehr, inwieweit die Gewerbeflächen steuerlich begünstigt werden.

9. Zu Ihrer Freude entdecken Sie am Sonntagnachmittag, als Sie von einem Ausflug zurückkommen, einen Parkplatz direkt vor Ihrem Haus. Allerdings ist die Lücke extrem eng. Was tun Sie?

a) Sie parken auf jeden Fall ein, egal wie eng die Lücke ist. Schließlich soll man Geschenke annehmen, noch dazu, wenn sie einem sozusagen vor die Füße fallen. Lieber rangieren Sie also, was das Zeug hält (wozu hat ein schlauer Mensch die Servolenkung erfunden?), als auch nur einen Meter zu viel zu laufen.

b) Sie haben nicht die geringste Lust, sich jetzt in die enge Lücke zu quetschen, und nehmen lieber den Parkplatz, den Sie gerade am Ende der Straße entdeckt haben. Und das, obwohl Sie Ihre Füße nach einem ausgedehnten Spaziergang in Ihren neuen Lederstiefeln kaum noch spüren.

c) Da Sie genau wissen, dass Ihr Beifahrer einem mittelschweren Nervenzusammenbruch nahe sein wird, wenn Sie den Wagen nach drei Anläufen immer noch nicht in die Lücke manövriert haben, überlassen Sie ihm lieber gleich das Steuer – dann können Sie wenigstens schon mal auf die Toilette gehen.

10. Sie müssen in eine fremde Stadt zu einer Tagung, die in einem großen Kongresszentrum stattfindet. Da Ihr Kollege kurzfristig absagt, fahren Sie alleine mit Ihrem Wagen hin. Wie bereiten Sie sich auf die Fahrt vor?

a) Gar nicht weiter. Schließlich wissen Sie, dass der

Veranstaltungsort im Süden der Stadt liegt, und verlassen sich darauf, dass er ausreichend ausgeschildert sein wird. Immerhin ist das Kongresszentrum über die Stadtgrenzen hinaus bekannt.

b) Sie sehen sich vorher auf der Karte den Weg genau an und versuchen, ihn sich einzuprägen. Während der Fahrt legen Sie sich den Stadtplan griffbereit auf den Beifahrersitz, damit Sie im Notfall nachsehen können.

c) Sie lassen sich vorher den Weg genau erklären und schreiben sich einen Zettel, auf dem Sie alle Kreuzungen notieren, an denen Sie abbiegen müssen. Oder Sie drucken sich aus dem Internet eine detaillierte Wegbeschreibung aus und halten sich peinlich genau daran, selbst wenn Sie unterwegs Schilder zum Veranstaltungsort entdecken, die einen anderen Weg weisen.

11. Sie fahren am späten Abend auf eine T-Kreuzung zu, an der bereits ein Auto mit fremdem Kennzeichen vor der roten Ampel steht. Es blinkt rechts. Der grüne Pfeil für Rechtsabbieger ist im Dunkeln kaum zu erkennen und offensichtlich hat ihn der Fahrer des Wagens vor Ihnen übersehen. Wie verhalten Sie sich?

a) Sie verlangsamen Ihr Tempo und halten zunächst hinter dem Wagen an. Wenn er tatsächlich nicht losfährt, drücken Sie einmal kurz auf die Hupe und versuchen, den Fahrer vor Ihnen per Handzeichen auf den grünen Pfeil aufmerksam zu machen.

b) Sie fahren mit unverminderter Geschwindigkeit weiter, weichen auf die freie Linksabbiegerspur aus und fahren um das stehende Fahrzeug herum, nicht ohne sich dabei an die Schläfe zu tippen und dem fremden Fahrer so deutlich zu machen, was Sie von seinen Fahrkünsten halten.
c) Sie reihen sich ganz normal hinter dem stehenden Wagen ein und warten, bis die Ampel auf Grün springt. Erstens haben Sie es gerade nicht eilig, zweitens ist Ihnen das auch schon mal passiert und drittens sind Sie von Beruf weder Verkehrserzieher noch Oberlehrer.

12. Als Sie am Morgen zur Arbeit fahren möchten, stellen Sie fest, dass Ihr Vordermann so dicht aufgefahren ist, dass Sie beim Ausparken ordentlich rangieren müssen. Wie gehen Sie vor, um Ihren Wagen möglichst rasch aus der Lücke zu manövrieren?

a) Sie schlagen das Lenkrad zunächst voll in Richtung des Randsteins ein und setzen dann so weit wie möglich zurück, wobei Sie abwechselnd in Rück- und Seitenspiegel schauen, um den Abstand zum Hintermann richtig einzuschätzen. Danach schlagen Sie das Lenkrad voll in die entgegengesetzte Richtung ein und fahren so weit wie möglich vorwärts. So bewegen Sie sich mit kontinuierlichen Manövern aus der Lücke.
b) Sie fahren zunächst gerade zurück, so weit es geht. Dann erst schlagen Sie das Lenkrad in Richtung Fahrbahn voll ein und setzen vor. Anschließend

kurbeln Sie bis zum Anschlag in Richtung Randstein und stoßen zurück. Dabei öffnen Sie kurz die Fahrertür, damit sie den Abstand zum Hintermann besser im Blick haben. So manövrieren Sie sich aus der Lücke.

c) Sie setzen zurück, bis Sie Ihren Hintermann leicht touchieren, genauso machen Sie es anschließend mit Ihrem Vordermann. So nutzen Sie den Platz in der engen Lücke bestmöglich aus und beschweren brauchen sich die anderen beiden auch nicht – immerhin haben die Sie so zugeparkt.

13. Sie sind in Frankreich auf dem Weg zu Ihrem Urlaubsort und fahren am späten Nachmittag bei strahlendem Sonnenschein eine Landstraße entlang. Ihr Beifahrer ist auf der Straßenkarte eingeschlafen und Sie sind sich nicht sicher, ob Sie noch in die richtige Richtung fahren, weil die vielen Kreisverkehre Sie irritiert haben. Was tun Sie?

a) Sie orientieren sich problemlos an der Sonne und wissen sofort, dass Sie noch immer in Richtung Süden unterwegs sind, also zumindest nicht völlig falsch fahren.

b) Sie fahren erst mal weiter bis zum nächsten Straßenschild und versuchen sich an den Namen der nächstgrößeren Stadt zu erinnern. Wenn Sie mit dieser Methode keinen Erfolg haben, versuchen Sie sich am Stand der Sonne zu orientieren, was Ihnen nach einigen Schwierigkeiten auch gelingt.

c) Sie wissen beim besten Willen alleine nicht weiter und wecken – wenn auch ungern – Ihren Beifahrer, damit er Ihnen hilft.

14. Sie sind auf der Autobahn unterwegs und hören im Verkehrsfunk die Nachricht, dass auf Ihrer Strecke wegen eines Unfalls mit 15 Kilometern Stau zu rechnen ist. Sie können allerdings an der nächsten Ausfahrt noch abfahren und stattdessen über die kurvenreiche Landstraße an Ihr Ziel gelangen. Wofür entscheiden Sie sich?

a) Sie freuen sich, dass Sie unmittelbar vor der Ausfahrt noch an einer Autobahnraststätte vorbeikommen. Sie könnten sowieso mal wieder tanken und außerdem haben Sie den ganzen Tag noch nichts Richtiges gegessen. Sie machen daher das Beste aus Ihrer Situation, indem Sie sich erst einmal ein Schnitzel mit Pommes bestellen und die anderen im Stau stehen lassen.
b) Keine Frage: Sie fahren selbstverständlich von der Autobahn ab. Wenn Sie die Kurven wie gewohnt rasant nehmen, sind Sie sicher fast ebenso schnell am Ziel wie über die Autobahn.
c) Sie wägen die Situation genau ab, da Sie nur ungern kurvige Strecken fahren. Wahrscheinlich reihen Sie sich in den Stau ein, in der Hoffnung, dass die Unfallstelle bald geräumt wird und Sie nicht zu lange warten müssen.

15. Sie fahren mitten in der Rushhour im Stadtverkehr auf einer mehrspurigen Straße und müssen einmal quer durch die Stadt. Ihr Kollege, dem Sie freundlicherweise angeboten haben, ihn am Bahnhof vorbeizufahren, berichtet Ihnen wutentbrannt von seinen Schwierigkeiten mit einem Vorgesetzten und bittet Sie um Rat. Wie verhalten Sie sich?

a) Sie erklären dem Kollegen, dass Sie sich gerade voll und ganz auf den Verkehr konzentrieren müssen und ihm deshalb nicht ihre volle Aufmerksamkeit widmen können. Dann bieten Sie ihm an, ihm am Abend am Telefon mit Rat und Tat zur Seite zu stehen.

b) Sie halten einen größeren Abstand zu Ihrem Vordermann und fahren ein wenig langsamer, weil Sie mit Ihrem Kollegen besser diskutieren können, wenn Sie ihn zwischendurch auch mal ansehen. Einen Unfall wollen Sie seinetwegen aber bei aller Freundschaft nicht riskieren.

c) Sie fahren unvermindert weiter und können sich mühelos gleichermaßen auf die Probleme Ihres Kollegen und auf den Verkehr konzentrieren. Während Sie ihm diverse Ratschläge erteilen, schimpfen Sie immer mal wieder auf die anderen Verkehrsteilnehmer, die ständig die Spuren wechseln, um schneller voranzukommen.

Testauswertung

Zählen Sie anhand der folgenden Tabelle zusammen, wie oft Sie sich für Typ A, B oder C entschieden haben, und lesen Sie anschließend unter der Kategorie nach, in der Sie die meisten Punkte haben.

1. a) Typ A	6. a) Typ C	11. a) Typ C
b) Typ C	b) Typ A	b) Typ B
c) Typ B	c) Typ B	c) Typ A
2. a) Typ C	7. a) Typ B	12. a) Typ A
b) Typ B	b) Typ A	b) Typ B
c) Typ A	c) Typ C	c) Typ C
3. a) Typ A	8. a) Typ A	13. a) Typ B
b) Typ C	b) Typ C	b) Typ C
c) Typ B	c) Typ B	c) Typ A
4. a) Typ C	9. a) Typ B	14. a) Typ C
b) Typ B	b) Typ C	b) Typ B
c) Typ A	c) Typ A	c) Typ A
5. a) Typ C	10. a) Typ B	15. a) Typ B
b) Typ B	b) Typ C	b) Typ C
c) Typ A	c) Typ A	c) Typ A

Typ A

Sie sind eindeutig ein eher weiblicher Autofahrer-Typ. Das Ein- und Ausparken fällt Ihnen meist schwer, vor allem wenn die Parklücke recht eng ist. Irgendwie vertun Sie sich häufiger mit dem Winkel und können nur schlecht abschätzen, wann Sie das Lenkrad wie weit einschlagen müssen. Und auch mit Ihrer Orientierung steht es nicht zum Besten.

Sie fragen sich, warum diese Probleme vor allem Frauen haben? Ganz einfach: Während Testosteron die räumlich-visuellen Fähigkeiten fördert, unterdrückt Östrogen sie. Frauen haben wesentlich weniger Testosteron im Blut als Männer und folglich auch umso schlechter ausgeprägte räumlich-visuelle Fähigkeiten, je »weiblicher« ihr Gehirn von seiner Orientierung her ist. Das ist der Grund, warum sehr feminine Frauen keine großen Einparkgenies sind und mit Straßenkarten nur wenig anfangen können.

Das Gleiche gilt, wenn es darum geht, einen Weg zu beschreiben oder einer genauen Richtungsangabe zu folgen. Einer Frau sollte man daher nie Richtungsangaben wie »Fahren Sie Richtung Süden« oder »Halten Sie sich fünf Kilometer lang westlich« geben, weil bei ihr der eingebaute Kompass fehlt. Stattdessen sollte man sich lieber auf bekannte Orientierungspunkte beziehen: »Fahren Sie am McDonald's vorbei und halten Sie sich dann Richtung Kreissparkasse.« Mit ihrem peripheren Sehvermögen kann eine Frau diese Orientierungspunkte leicht ausmachen.

Ansonsten fahren Sie eher umsichtig, vorausschauend und vorsichtig, halten sich stets an die Regeln der Straßenverkehrsordnung und wollen im Grunde nichts anderes, als sicher von einem Ort zum anderen kommen.

Typ B

Sie sind eindeutig ein eher männlicher Autofahrer-Typ. Mit dem Einparken haben Sie dank Ihres guten räumlichen Vorstellungsvermögens keine Probleme und selbst enge Parklücken betrachten Sie eher als Herausforderung denn als Problem. Autofahren macht Ihnen großen Spaß und entsprechend probieren Sie schon auch mal etwas aus, um Ihre Grenzen oder die Ihres Wagens auszutesten.

Männer fahren gerne schnell auf kurvenreichen Straßen, weil dabei ihre räumlichen Fähigkeiten gefordert werden: Übersetzungsverhältnis, Einsatz von Kupplung und Bremse, relative Kurvengeschwindigkeit, Winkel und Entfernungen.

Ihr hervorragend ausgeprägter Orientierungssinn hat Sie ebenfalls noch nicht im Stich gelassen, dafür sind Ihre verbalen Fähigkeiten denen der meisten Frauen unterlegen. Das äußert sich unter anderem darin, dass Sie sich nur schlecht aufs Autofahren und Reden gleichzeitig konzentrieren können, vor allem wenn dichter Verkehr Ihre volle Aufmerksamkeit fordert. Oder darin, dass Sie das Autoradio ausschalten, wenn Sie nach dem Weg suchen, und dass Sie beim Nachdenken nicht (wie beispielsweise die Frauen) vor sich hin murmeln, sondern schweigen.

Typ C

Sie zeigen beim Autofahren weder eindeutig männliche noch durchgehend weibliche Eigenschaften. Insgesamt ist eine Flexibilität in Ihrem Denken deutlich erkennbar, was Ihnen häufig von Vorteil ist, da Sie an Anforderungen und Probleme grundsätzlich sehr pragmatisch herangehen.

Sie setzen also Ihre Handlung stets in Bezug zum jeweiligen Nutzen, etwa wenn die Parklücke direkt vor Ihrer Haustür extrem eng ist und Sie eine andere ein paar hundert Meter weiter entdecken. Sie scheuen auch nicht davor zurück, um Hilfe zu bitten, wenn Sie sich beispielsweise verfahren haben, obwohl Sie es (und das bringt dann die eher männliche Seite in Ihnen zum Vorschein) durchaus zunächst einmal auf eigene Faust versuchen.

Dass auch Frauen das Einparken lernen können, ist inzwischen übrigens wissenschaftlich bewiesen: Einparkstudien von Fahrschulen zeigen, dass Frauen während der Fahrstunden besser rückwärts einparken als Männer, doch Statistiken besagen, dass Frauen im »wirklichen Leben« schlechter abschneiden, was Sie aus eigenen Erfahrungen sicher bestätigen können. Der Grund dafür ist, dass Frauen leichter eine Aufgabe lernen und sie erfolgreicher wiederholen können als Männer, vorausgesetzt, die Umgebung und die Bedingungen ändern sich nicht. Im normalen Straßenverkehr erfordert jedoch jede Situation eine neue Einschätzung der Lage und das räumliche Vorstellungsvermögen der Männer ist besser für diese Aufgabe geeignet.

4. Kapitel

Das andere Geschlecht

Warten auf den Traummann

Wie man den richtigen Partner findet

Liebe beginnt mit Lust und Lust kann ein paar Stunden, ein paar Tage oder ein paar Wochen dauern. Die nächste Phase ist die große Verliebtheit, die im Durchschnitt drei bis zwölf Monate währt, bevor sich daran die Bindungsphase anschließt. Wenn nach etwa einem Jahr die berauschende Wirkung des starken Hormoncocktails nachlässt, sehen wir unseren Partner zum ersten Mal im nüchternen Tageslicht, und all die kleinen Eigenheiten, die wir anfangs noch so liebenswert fanden, gehen uns langsam, aber sicher auf die Nerven. Zu Beginn fanden Sie es vielleicht noch niedlich, dass er nie etwas im Kühlschrank gefunden hat, doch jetzt könnten Sie Ihrer Wut mit einem Schreikrampf Luft machen. Und er hat anfangs vielleicht nicht genug davon bekommen, wenn Sie ihm in epischer Länge Ihren Tagesablauf beschrieben haben. Doch inzwischen steigen immer häufiger Mordgelüste in ihm hoch, sobald Sie auch nur den Mund öffnen. Heimlich fragen Sie sich immer öfter: »Kann ich so den Rest meines Lebens verbringen? Was haben wir gemeinsam?«

In der Tat ist der Gedanke nicht so abwegig, dass Männer und Frauen wenig bis gar nichts gemeinsam haben und dass es kaum ein Thema gibt, über das beide gerne reden würden. Aus biologischer Sicht war das einzige Ziel bei dem Ganzen, eine Frau und einen Mann durch eine Überdosis Hormone so weit zu benebeln, dass sie eben nicht denken konnten, sondern lange genug zusammenblieben, um Nachwuchs zu zeugen. Wenn Sie auf der Suche nach dem richtigen Partner sind, müssen Sie sich darüber im Klaren sein, auf welche Gemeinsamkeiten Sie bei einer langfristigen Beziehung Wert legen, und zwar bevor die Natur Ihre Denkfähigkeit durch hormonelle Höhenflüge außer Gefecht gesetzt hat. Die Frage ist, ob Sie in der Lage sind, eine dauerhafte Beziehung, die auf Freundschaft und gemeinsamen Interessen aufbaut, auch nach der ersten großen Verliebtheit – und dass diese vergeht, ist so sicher wie das Amen in der Kirche – aufrechtzuerhalten.

Notieren Sie die Charakterzüge und Interessen, die Sie sich bei einem Partner wünschen, mit dem Sie sich eine langfristige Beziehung vorstellen könnten, dann werden Sie genau wissen, wonach Sie suchen. Ein Mann hat sicherlich eine ganze Liste mit Eigenschaften, die seine ideale Partnerin haben sollte, doch wenn er auf eine Party geht, ist sein Gehirn durch massive Testosteronausschüttungen umnebelt. Sein Gehirn wird ihn dann dazu treiben, sich eine »ideale« Frau entsprechend seiner hormonellen Motivation zu suchen – klasse Beine, flacher Bauch, runder Hintern, attraktive Oberweite usw., alles Eigenschaften, die wichtig sind, wenn das Ziel der schnellen Fortpflanzung im Vordergrund steht. Frauen wünschen sich einen einfühlsamen und liebevollen Mann, der einen V-förmigen Oberkörper und eine ansprechende Persönlichkeit hat – alles Eigenschaften, die für das Zeugen und Großziehen von Kindern, die Nahrungsbeschaffung und den Schutz der Familie wichtig sind. Dabei handelt es sich ebenfalls nur um kurzfristige biologische Bedürfnisse, die sehr wenig mit dem Erfolg einer modernen Beziehung zu tun haben. Wenn Sie eine Liste mit all den Eigenschaften, die Sie sich bei einem langfristigen Partner wünschen, griffbereit halten, kann sie Ihnen das nächste Mal, wenn Sie eine neue Person kennen lernen und sich Ihre Biologie bei Ihren Gedanken und Trieben ins Werk setzt, dabei helfen, objektiv zu bleiben.

Ihr biologisches Ziel ist es, sich so oft wie möglich fortzupflanzen, und die Natur greift zu wirkungsvollen Mitteln, um das zu erreichen. Wenn Ihnen diese Zusammenhänge klar sind und Sie sich mit einer Beschreibung Ihres idealen langfristigen Partners gewappnet haben, werden Sie weniger leicht auf die Tricks von Mutter Natur hereinfallen. Ihre Chancen, den einen, so schwer aufzutreibenden, perfekten Partner zu finden, mit dem Sie »glücklich und zufrieden bis an Ihr Lebensende« leben können, steigen dadurch beträchtlich.

Der ideale Partner

Egal ob Sie zurzeit liiert oder noch auf der Suche nach Ihrem Traumpartner sind, Sie sollten dieses Kapitel damit beginnen, sich über Ihre Wünsche, Träume und Vorlieben klar zu werden. Sie können den folgenden Test entweder gemeinsam mit Ihrem Partner ausfüllen oder ihn nur für sich machen – aufschlussreich wird das Ergebnis auf jeden Fall sein. Eine Auswertung gibt es bei diesem Test übrigens nicht, schließlich dient er lediglich dazu, dass Ihnen Ihre Wünsche klarer werden. Was sehr ähnliche, ausgewogene oder extrem unterschiedliche Interessen für Sie und Ihre Beziehung bedeuten, können ohnehin nur Sie selbst ermessen.

Versehen Sie alle genannten Eigenschaften mit einem Kreuz, die für Sie zutreffen bzw. die Ihnen bei Ihrem Partner wichtig sind.

Äußere Merkmale oder Dinge, die Ihnen bei Ihrem Partner wichtig sind:

- ❑ gute Figur/guter Körperbau
- ❑ gepflegte Erscheinung
- ❑ schöne Hände
- ❑ Körpergröße
- ❑ Raucher
- ❑ Nichtraucher
- ❑ familiäres Umfeld
- ❑ attraktives Äußeres
- ❑ schöne Augen
- ❑ guter Sex
- ❑ Busen
- ❑ Hintern
- ❑ Muskeln
- ❑ lange/kurze Haare
- ❑ bauch- und/oder bartlos
- ❑ Freundeskreis

- ❑ Bildungsstand
- ❑ Beruf
- ❑ Solvenz

____

____

____

Eigenschaften, die Ihnen bei Ihrem Partner wichtig sind:

- ❑ Humor
- ❑ Kompromissbereitschaft
- ❑ Spontaneität
- ❑ Sportlichkeit
- ❑ Aktivität
- ❑ Persönlichkeit
- ❑ Köpfchen
- ❑ Einfühlungsvermögen
- ❑ Anpassungsfähigkeit
- ❑ Loyalität
- ❑ Toleranz
- ❑ Nachsicht
- ❑ Tierliebe
- ❑ Flexibilität
- ❑ Kinderwunsch
- ❑ Eigenständigkeit
- ❑ Ehrlichkeit
- ❑ Anhänglichkeit
- ❑ politische Einstellung
- ❑ Großzügigkeit
- ❑ Christlichkeit
- ❑ Treue

- ❑ Zurückhaltung
- ❑ Anschmiegsamkeit

____

____

____

Eigene Interessen und Dinge, die Ihnen persönlich wichtig sind:

- ❑ Reisen
- ❑ gutes Essen
- ❑ guter Wein
- ❑ Urlaub am Meer
- ❑ Urlaub in den Bergen
- ❑ Literatur
- ❑ Großstadtleben
- ❑ Gemütlichkeit
- ❑ Religion
- ❑ Kino/Film
- ❑ Musikgeschmack
- ❑ kulturelles Interesse
- ❑ Karriere/Erfolg im Beruf
- ❑ Landleben/Natur

Hobbys:

____

____

____

____

____

____

Ist Ihre Beziehung in Ordnung?

Sind Sie auch nach Jahren noch so verliebt wie am ersten Tag? Oder hat sich in Ihrer Beziehung klammheimlich der Alltagstrott eingeschlichen? Wie steht es um Ihre große Liebe? Fühlen Sie sich rundherum wohl oder haben Sie sich in letzter Zeit des Öfteren gefragt, ob das alles überhaupt noch einen Sinn hat?

Unterziehen Sie Ihre Beziehung einem gnadenlosen Reality-Check und finden Sie heraus, wo es vielleicht hakt. Kreuzen Sie bei den folgenden Aussagen all jene an, die auf Sie zutreffen.

- ❑ Aus Ihrer Beziehung ist irgendwie die Luft raus.
- ❑ Sie sind schon lange nicht mehr spontan verreist.
- ❑ Die Gefühle für Ihren Partner haben irgendwie nachgelassen.
- ❑ Sie schlafen nur noch selten miteinander.
- ❑ In letzter Zeit stören Sie die Schwächen Ihres Partners mehr als früher.
- ❑ Sie unternehmen jetzt wieder häufiger etwas mit Ihren Freunden – jeder für sich.
- ❑ Ihr Partner kritisiert Sie zunehmend in der Gegenwart anderer.
- ❑ Wirklich glücklich waren Sie schon lange nicht mehr.
- ❑ Sie fühlen sich häufig unverstanden.

- ❑ Zu Ihrem Geburtstag lässt sich Ihr Partner schon lange nichts Besonderes mehr einfallen.
- ❑ Sie streiten immer öfter über absolut unwichtige Kleinigkeiten.
- ❑ Ihr Partner kommt in letzter Zeit häufig erst spätabends nach Hause und geht dann gleich ins Bett.
- ❑ In Streitsituationen werden Sie immer unnachgiebiger.
- ❑ Manchmal fühlen Sie sich schon ungerecht behandelt.
- ❑ Sie reden nicht mehr so viel miteinander wie früher.
- ❑ Samstagabends leihen Sie sich fast immer ein Video aus und bleiben zu Hause.
- ❑ Zärtlichkeiten tauschen Sie so gut wie gar nicht mehr aus.
- ❑ Sie beneiden Ihre Freunde um deren Partner.
- ❑ Ihr Partner hat Ihnen schon lange kein Kompliment mehr gemacht oder etwas Nettes gesagt.
- ❑ Sie gehen zunehmend Ihre eigenen Wege.

Der große Romantik-Test

Sind Sie ein rettungslos romantischer Mensch, der im Zustand der Verliebtheit die ganze Welt umarmen möchte und diese nur noch durch die rosarote Brille betrachtet? Oder gehören Sie eher zu den nüchternen Realisten, für die Romantik ein Fremdwort ist und die sich nur selten aus der Reserve locken lassen?

Mit Hilfe dieses Tests finden Sie heraus, wie es um Sie bestellt ist. Kreuzen Sie im Folgenden jeweils die Aussagen an, die auf Sie am ehesten zutreffen. Pro Frage/ Situation ist nur eine mögliche Antwort erlaubt.

1. Wie ist Ihre Meinung zum Thema »Sex und Liebe«?

a) Sex ist Sex und Liebe ist Liebe und in einigen glücklichen Fällen treten beide gemeinsam auf.
b) Wahre Liebe? In Ihren Augen nichts als Gefühlsduselei, die gibt es nämlich sowieso nicht.
c) Für Sie sind Sex und Liebe untrennbar miteinander verbunden.
d) Natürlich ist Sex die Erfüllung, wenn Gefühle mit im Spiel sind – ohne ist er aber auch nicht zu verachten.

2. Was verstehen Sie unter einem romantischen Wochenende zu zweit?

a) Das kann ein kurzer Städtetrip genauso sein wie ein Ausflug zum See oder eine Bergtour. Sie sind da durchaus flexibel.
b) Es bedeutet für Sie, dass Sie Ihrem Partner zuliebe eine Menge Dinge tun, die Sie freiwillig nie tun würden, nur um anschließend guten Sex zu haben.
c) Einen Kurzurlaub in einem verschneiten Alpenhotel mit winterlicher Kutschfahrt bei sternklarem

Himmel, danach ein kleines Dinner bei Kerzenschein und abschließend einen Glühwein vor einem kuscheligen Kamin.

d) Nicht gerade etwas Gutes, da es auf jeden Fall mit Abgeschiedenheit und Zweisamkeit zu tun hat. Und das ist nun wirklich nicht Ihr Ding.

3. Kommt Ihnen ein Satz wie »Ich liebe dich« leicht über die Lippen?

a) Sie tun sich recht schwer damit, doch um Ihrem Partner eine Freude zu machen, sagen Sie es ab und zu (nicht selten erst nach vorheriger Aufforderung).
b) Selbstverständlich. Wenn Sie Ihren Partner lieben, können Sie es ihm gar nicht oft genug sagen.
c) Dieser Satz sollte Ihrer Ansicht nach nicht leichtfertig dahergesagt werden. Daher sprechen Sie ihn eher selten aus, aber immer von ganzem Herzen.
d) Nein, gar nicht. Sie hassen derartige Liebesbekundungen.

4. Ihr Partner bittet Sie, romantische Musik aufzulegen. Welche CD suchen Sie aus?

a) Sentimentales Gedudel gibt es in Ihrem Haushalt nicht.
b) Je nach Stimmung und persönlicher Vorliebe entweder Klassik oder Pop, im Idealfall eine CD oder ein Lied, mit dem Sie beide etwas verbinden.
c) Eine CD, die Sie nur Ihrem Partner zuliebe angeschafft haben und die Sie alleine nie hören würden.

d) Je schmalziger und schnulziger, desto besser, schließlich möchten Sie Ihre Kuschelstimmung voll und ganz ausleben.

5. Was bedeutet Ihnen die Ehe?

a) Sie ist der Preis, den man für regelmäßigen Sex zahlt.
b) Die Erfüllung und damit das Ziel einer jeden glücklichen Partnerschaft.
c) Eine sinnvolle Institution, durch die man seine Liebe zum Ausdruck bringen kann.
d) Der Sex ist der Preis, den man für die Ehe zahlt.

6. Wie bewerten Sie einen Seitensprung?

a) Das ist für Sie ein unverzeihlicher Treuebruch und damit ein Trennungsgrund.
b) Wenn zwei Menschen sich wirklich lieben und in ihrer Beziehung glücklich sind, sollte keiner von beiden einen Anlass zum Seitensprung haben. Demnach ist er für Sie ein Indikator, dass in Ihrer Beziehung etwas nicht stimmt. Je nach Schwere könnten Sie einen Seitensprung aber durchaus verzeihen.
c) Sie sehen darin kein Problem. Im Grunde hat ein Seitensprung auch nichts weiter mit Ihrem Partner zu tun. Manchmal brauchen Sie eben ein wenig Abwechslung – und ein bisschen frischer Wind hat auch noch keiner Beziehung geschadet.
d) Sie halten es nach dem Motto »Was ich nicht weiß, macht mich nicht heiß« und würden weder einen

Seitensprung beichten noch erfahren wollen, wenn Ihr Partner einen begangen hat.

7. Was tun Sie, wenn Ihr Partner Sie bittet, ihm mehr Zuneigung zu zeigen?

a) Sie bringen entweder einmal freiwillig den Müll runter, kaufen einen Strauß Blumen, legen eine neue Rolle Klopapier ein, waschen sein Auto, holen die Hemden aus der Reinigung oder kochen etwas Leckeres. Egal für welchen dieser Punkte Sie sich entscheiden, in Ihren Augen sind sie alle gleichwertig, denn Hauptsache ist doch, man tut überhaupt etwas.

b) Das würde Ihr Partner nie zu Ihnen sagen, da Sie sich regelmäßig überlegen, womit Sie Ihren Partner überraschen oder ihm eine Freude machen könnten und sich immer mal wieder etwas richtig Besonderes ausdenken, um ihm zu zeigen, was er Ihnen bedeutet.

c) Sie sagen ihm, dass Sie das für Humbug halten. Würden Sie ihn nicht mögen, wären Sie schließlich nicht mit ihm zusammen.

d) Sie entschuldigen sich, dass Sie in letzter Zeit so gedankenlos waren, fragen ihn nach seinen konkreten Wünschen und erfüllen ihm diese anschließend.

8. Zu Beginn Ihrer Beziehung waren die Tage (und Nächte) nicht lang genug. Wie oft haben Sie Händchen gehalten, sich den Rücken gestreichelt und stundenlang

geredet! Doch inzwischen haben Sie geheiratet und seit einiger Zeit ist es damit vorbei. Woran liegt das wohl?

a) Sie können sich das einfach nicht erklären, zumal die zunehmende Schweigsamkeit hauptsächlich von Ihrem Partner ausgeht und er Ihnen dafür eine Erklärung schuldig bleibt. In letzter Zeit beschleicht Sie daher immer öfter das Gefühl, dass er Sie nicht (mehr) liebt.
b) Sie wissen inzwischen einfach alles über Ihren Partner, was Sie wissen müssen. Daher sehen Sie keinen Sinn mehr darin, sich stundenlang mit ihm zu unterhalten.
c) Das ist eben einfach so, und solange Sie sich sonst noch gut mit Ihrem Partner verstehen und es auch im Bett noch klappt, machen Sie sich keine größeren Sorgen.
d) Sie finden es sehr schade und unternehmen auch immer mal wieder den Versuch, etwas an dieser Situation zu ändern. Doch wahrscheinlich ist es damit wie mit der ersten Verliebtheit: Irgendwann ist der Ausnahmezustand eben einfach vorbei.

9. Verliebtheit ist für Sie …

a) … nichts als ein billiger biologischer Trick der Natur, damit Mann und Frau lange genug zusammenbleiben, um Nachwuchs zu zeugen.
b) … eine durchaus überschätzte Angelegenheit, da sie leider nie von Dauer ist und man irgendwann ziemlich hart auf dem Boden der Realität aufschlägt.
c) … eines der wunderbarsten Gefühle, die es gibt, das

im Idealfall ein Leben lang anhält (auch wenn die Wissenschaft hartnäckig das Gegenteil behauptet).

d) ... einfach nur schön, daher sollte man sie auch so lang wie möglich genießen.

10. Wenn Sie verliebt sind, dann ...

a) ... schweben Sie mit einem notorischen Grinsen im Gesicht wie ferngesteuert etwa einen Meter über dem Boden und können keinen klaren Gedanken mehr fassen.

b) ... kommen Ihnen selbst die großen Probleme des Alltags plötzlich eher klein und unbedeutend vor. Sie sind voller Elan und lassen sich die Laune von nichts verderben.

c) ... fühlen Sie sich von Ihrem Partner extrem körperlich angezogen und denken den ganzen Tag nur an ihn – und damit an Sex mit ihm.

d) Verliebtheit ist doch nichts anderes als eine extreme körperliche Anziehungskraft – was nichts Schlechtes bedeuten muss.

Testauswertung

Beziehungs-Test

Zählen Sie bitte zusammen, wie viele der Kästchen Sie angekreuzt haben, und lesen Sie in der entsprechenden Rubrik nach.

0–5 Kästchen angekreuzt
In Ihrer Beziehung ist offensichtlich alles in Ordnung. Dennoch sollten Sie sich vorsehen und die schönen Momente des Alltags und der Zweisamkeit nicht aus den Augen verlieren. Denn genau die machen das Zusammensein mit einem anderen Menschen so wertvoll. Nur wer auch die kleinen Momente des Glücks zu schätzen weiß, wird seine Beziehung auf Dauer erhalten können.

6–14 Kästchen angekreuzt
Je nachdem, ob Sie sich eher am oberen oder unteren Rand der Punkteskala bewegen, sollten Sie Ihre Entscheidung mit Vorsicht treffen. Ein klärendes Gespräch mit Ihrem Partner über die gemeinsame Zukunft und Ihre Vorstellungen von dieser Partnerschaft kann der erste Schritt in die richtige Richtung sein. Womöglich ist es noch nicht zu spät und Sie können mit ein wenig frischem Wind Ihre Beziehung wieder spannend gestalten.

15–20 Kästchen angekreuzt
Ihre Beziehung steht wirklich unter keinem guten Stern mehr. Offensichtlich haben Sie und Ihr Partner sich auseinander gelebt. Sie sollten sich gut überlegen, ob Sie

diese Beziehung wirklich noch weiterführen wollen – Sie tun sich keinen großen Gefallen damit.

Der große Romantik-Test

Zählen Sie anhand der folgenden Tabelle zusammen, wie oft Sie sich für Typ A, B, C oder D entschieden haben, und lesen Sie anschließend unter der Kategorie nach, in der Sie die meisten Punkte haben.

1. a) Typ C
b) Typ D
c) Typ A
d) Typ B
2. a) Typ B
b) Typ C
c) Typ A
d) Typ D
3. a) Typ C
b) Typ A
c) Typ B
d) Typ D
4. a) Typ D
b) Typ B
c) Typ C
d) Typ A
5. a) Typ D
b) Typ A
c) Typ B
d) Typ C
6. a) Typ A
b) Typ B
c) Typ D
d) Typ C
7. a) Typ C
b) Typ A
c) Typ D
d) Typ B
8. a) Typ A
b) Typ D
c) Typ C
d) Typ B
9. a) Typ D
b) Typ C
c) Typ A
d) Typ B
10. a) Typ A
b) Typ B
c) Typ C
d) Typ D

Typ A
Nichts zu machen: Sie sind rettungslos romantisch. Allein beim Gedanken an einen Spaziergang mit Ihrem Partner an einem einsamen Strand, ein Candle-Light-

Dinner oder einen klassischen Heiratsantrag mit Kniefall und roter Rose bekommen Sie einen verklärten Blick und wackelige Knie.

Allerdings trübt Ihre romantische Sichtweise auch schon mal Ihren Blick für die Realität oder weckt zu hohe Erwartungen, was in Ihrer Beziehung mitunter zu Problemen führen kann. Vor allem, wenn Ihr Partner extrem unromantisch ist und damit zwei Welten aufeinander prallen.

Typ B

Sie sind zwar durchaus romantisch, stehen aber dennoch mit beiden Beinen fest auf dem Boden und verlieren nur selten den Bezug zur Realität. Im Grunde ist das eine recht gesunde Mischung, mit der Sie in den meisten Fällen auch mit Ihrem Partner keine größeren Enttäuschungen erleben dürften. Der Begriff der Romantik ist für Sie nicht an bestimmte Klischees (Mondscheinspaziergang, Liebeserklärungen und Co.) gebunden, sondern entsteht oft aus einem bestimmten Moment heraus – und genau das macht dieses Gefühl für Sie so besonders.

Typ C

Romantik ist für Sie eher ein Mittel zum Zweck, vor allem dann, wenn Ihr Partner eine ausgeprägte romantische Ader hat. Sie sind zwar eher ein realistischer Mensch – prickelnde Gänsehaut vor Rührung, Glücksgefühle beim Anblick eines brennenden Kamins oder Hormonschübe angesichts eines wildfremden Brautpaares sind Ihnen eher fremd –, doch wenn es Ihren Partner glücklich macht (und Sie damit Diskussionen aus dem Weg gehen), sind Sie zu so einigem bereit.

Typ D
Sie sind wahrlich kein romantischer Mensch. Daraus machen Sie jedoch auch keinen Hehl, schließlich wissen Sie genau, dass Sie nicht über Ihren Schatten springen können – auch nicht Ihrem Partner zuliebe. Wenn es nach Ihnen ginge, gehörte das ganze Brimborium einfach sang- und klanglos abgeschafft. In Ihren Augen ist das alles nur eine Masche der Werbeindustrie (das beste Beispiel dafür ist der Valentinstag, den sicher mal ein cleverer Blumenhändler erfunden hat), auf die Sie garantiert nicht hereinfallen!

Allerdings brauchen Sie sich bei dieser rigorosen Einstellung nicht zu wundern, dass Sie immer mal wieder in nervtötende Diskussionen verwickelt werden, vor allem wenn Ihr Partner ein ausgesprochener Romantiker ist.

So klappt's mit der Romantik

Für alle, die bei unserem Romantik-Test eher schlecht abgeschnitten haben, und das werden mit Sicherheit in überwiegender Zahl Männer sein, haben wir hier noch in aller Kürze ein paar todsichere Romantik-Tipps zusammengestellt, mit denen Sie so gut wie jede Frau um den Finger wickeln können:

1. Achten Sie auf die Umgebung. Wenn man einmal bedenkt, wie sensibel eine Frau auf ihre Umgebung reagiert und wie stark ihre Sinne äußere Reize aufnehmen, ist es durchaus sinnvoll, dass ein Mann sich Gedanken über die Umgebung macht, in der er sich mit einer Frau treffen will. Das weibliche Geschlechtshormon Östrogen lässt eine Frau sehr empfindlich auf die Art der Beleuchtung reagieren: Schummriges Licht weitet die Pupillen, was auf Menschen beiden Geschlechts anziehend wirkt, und Hautunebenheiten und Falten fallen weniger auf. Die Hörnerven einer Frau sind empfindlicher als die eines Mannes, deswegen ist die richtige Musik sehr wichtig. Auch ist eine saubere, sichere »Höhle« besser als eine, zu der Kinder und andere Leute jederzeit Zugang haben. Frauen bestehen in der Regel darauf, Sex in einem abgeschlossenen Raum zu haben, was auch die heimliche Phantasie vieler Frauen erklärt, an öffentlichen Orten zu vögeln.

2. Bieten Sie ihr Nahrung an. Wenn man an die Vergangenheit des Mannes als Beutejäger denkt, könnte man meinen, dass es den Männern in den Sinn kommen sollte, weibliche Urinstinkte wachzurütteln, indem sie eine Frau mit Nahrung versorgen. Hier liegt auch der Grund, warum es für eine Frau ein so bedeutendes Ereignis ist, wenn er sie zum Essen ausführt, auch wenn sie eigentlich gar keinen Hunger hat. Für sie bedeutet sein Angebot, sie mit Nahrung zu versorgen, dass sie ihm wichtig ist und ihm an ihrem Wohlbefinden und Überleben gelegen ist. Einer Frau ein Essen zu kochen spricht gewisse primitive Gefühle sowohl in der Frau als auch im Mann an.

3. Zünden Sie ein Feuer an. Männer haben über Jahrtausende hinweg für Frauen Holz gesammelt und es zum Brennen gebracht, und das spricht auch heutzutage noch die romantische Seite einer Frau an. Auch wenn es sich bei dem Feuer nur um ein Feuer im Gaskamin handelt, das die Frau problemlos selbst hätte entfachen können, ist es wichtig, dass er es tut, um die gewisse romantische Stimmung heraufzubeschwören. Das Feuer an sich ist dabei nicht das Wichtige, sondern die Tatsache, dass er sich um ihre Bedürfnisse kümmert.

4. Schenken Sie ihr Blumen. Viele Männer verstehen nicht, welch durchschlagende Wirkung ein Strauß frischer Blumen auf eine Frau haben kann. Der Gedanke der Männer dabei ist: »Warum soll man so viel Geld für etwas ausgeben, das nach ein paar Tagen welk ist und im Müll landet?« Ein Mann mit seinem logischen Denken kann es noch sinnvoll finden, einer Frau eine Topfpflanze zu schenken, denn mit ein bisschen Pflege und Aufmerksamkeit hat man längere Zeit etwas davon. Eine Frau sieht das anders. Sie will einen Strauß frischer Blumen. Nach ein paar Tagen sind die Blumen welk und landen auf dem Kompost, und das gibt ihm die Gelegenheit, einen neuen Strauß zu kaufen und so erneut die romantische Saite in ihr zum Klingen zu bringen, weil er sich wieder einmal um ihre Bedürfnisse kümmert.

5. Gehen Sie mit ihr tanzen. Es ist ja nicht so, dass Männer nicht tanzen wollten; die meisten haben einfach keinen eigenen Bereich für das Tanzen in ihrer rechten Gehirnhälfte, um den Rhythmus zu fühlen. Wenn ein Mann also einen Anfänger-Tanzkurs macht und ein paar grundlegende Schritte für Rock 'n' Roll und Walzer lernt, kann er sicher sein, dass er auf jeder Party bei den Frauen der Hit sein wird. Schließlich ist der Tanz ein Ritual, das sich entwickelt hat, um Frauen und Männern die Gelegenheit zu Körperkontakt zu geben, der dann als Vorstufe zu anderen Werbungsritualen gesehen wird – wie es auch bei anderen Tierarten der Fall ist.

6. Kaufen Sie ihr Schokolade und Champagner. Diese Mischung verbindet man seit langem mit Romantik, obwohl die wenigsten wissen, warum. Champagner enthält eine chemische Substanz, die sich in keinem anderen alkoholischen Getränk findet und die den Testosteronspiegel hebt. Schokolade enthält Phenylethylamin, eine Substanz, die das Liebeszentrum im Gehirn einer Frau anregt. Danielle Piomella vom Neurosciences Institute in San Diego entdeckte kürzlich drei neue chemische Substanzen – N-Acylethanolamine –, die an die Cannabis-Rezeptoren im Gehirn einer Frau andocken und in ihr der Wirkung von Marihuana vergleichbare Empfindungen auslösen. Diese chemischen Substanzen finden sich in brauner Schokolade und in Kakao, nicht aber in weißer Schokolade oder Kaffee.

Und allen Frauen, die sich bei unserem Test – ganz im Gegensatz zu ihrem jeweiligen Partner – als hoffnungslose Romantikerinnen entpuppt haben, wollen wir an dieser Stelle Gelegenheit zur Hoffnung geben. Halten Sie auf dem folgenden »Notizzettel« einfach Ihre Wünsche und Bitten an Ihren Partner fest und legen Sie ihm das Buch aufgeschlagen auf sein Kopfkissen. Wir sind sicher, er wird sich zumindest einige davon zu Herzen nehmen!

Ich wünsche mir von dir

–

–

–

–

–

–

–

–

–

–

–

–

5. Kapitel

Ehe, Liebe, Romanzen – und Sex

»… Ich will Offenheit, Ehrlichkeit und eine monogame Beziehung. – Ich halte nichts von Männern, die auf Spielchen aus sind.«

Die Verbindung zwischen Mann und Frau

Seit langer Zeit ist die Paarbildung der Grundpfeiler menschlichen Zusammenlebens. Dieses Konzept hat sich aus der ursprünglichen Form des Zusammenlebens herausgebildet, bei der ein Mann bzw. Männchen sein bevorzugtes Weibchen bei sich behielt und, sofern er sich das »leisten« konnte, ein paar weitere Weibchen neben ihr hatte. Dazu kamen die gelegentlichen »Seitensprünge«, die er wahllos bei jeder sich bietenden Gelegenheit unternahm.

Die Ehe, wie wir sie heutzutage kennen, ist eine Erfindung der jüdisch-christlichen Ideale, die ein klares Ziel hatten: die Anwerbung von neuen Gläubigen. Jede menschliche Aktivität, die aufwendige Riten und groß angelegte öffentliche Bekundungen braucht, arbeitet in der Regel gegen unsere Biologie und hat den Zweck, Menschen dazu zu bringen, etwas zu tun, was sie normalerweise nicht tun würden.

Damit wollen wir nicht sagen, dass die Ehe in unserer modernen Gesellschaft nicht ihre Berechtigung hätte, doch eine wichtige Frage lautet: Welchen Vorteil bietet die Ehe einem Mann? Wenn man es einmal unter dem Gesichtspunkt der Evolution sieht: keinen! Ein Mann ist wie ein Hahn, der den natürlichen Drang verspürt, seine Erbmasse so oft und so weit gestreut wie möglich an die Frau zu bringen. Dennoch heiratet ein Großteil der Männer und geschiedene Männer heiraten wieder oder leben in eheähnlichen Lebensgemeinschaften. Hier zeigt sich auf eindrucksvolle Weise, dass die Gesellschaft es verstanden hat, von der Biologie her promiskuitiv veranlagte Männer zu einer monogamen Lebensführung zu bewegen.

Immerhin: Wenn Männer zum Altar schreiten, betrachten viele von ihnen das Ganze als den Anfang einer Rundumversorgung mit Sex, doch diese Erwartung – in den seltensten Fällen vor der Ehe zur Sprache gebracht – entspricht durchaus nicht dem, was sich Frauen unter Ehe vorstellen.

Für Frauen ist die Ehe nämlich eine Art Erklärung vor der ganzen Welt, dass ein Mann sie als »besonders« empfindet und eine monogame Beziehung mit ihr anstrebt. Auf der Wunschliste der Frauen steht Treue daher ganz oben. Die meisten von ihnen würden eine Beziehung abbrechen, wenn der Mann fremdginge.

Das ist ein Unterschied, den die wenigsten Männer je verstehen werden. Die meisten glauben, dass ein kleiner Seitensprung hier und da ihrer Beziehung keinen Abbruch tue, weil Männer kaum ein Problem damit haben, Sex und Liebe auseinander zu halten. Für Frauen gehen diese beiden jedoch Hand in Hand. Für sie kann sein Techtelmechtel mit einer anderen gleichbedeutend mit Hochverrat sein und einen ausreichenden Grund darstellen, die Beziehung zu beenden.

Sex ist nicht gleich Sex

Auch beim Sex könnten die Unterschiede zwischen den Geschlechtern nicht größer sein. Männer wollen Sex, Frauen wollen Liebe. Das weiß man seit Jahrtausenden. Und diese Tatsache ist zwischen Frauen und Männern eine ständige Quelle von Unzufriedenheit und Zwietracht. Doch das ist nur einer von vielen Aspekten, in denen sich diese Unterschiede zeigen.

So sind Männer zum Beispiel grundsätzlich immer bereit, Sex zu haben, was Frauen, die für Sex in der Regel einen Anlass und einen geeigneten Ort brauchen, ihnen nicht selten übel nehmen. Dabei dient dieser überbordende und impulsive Geschlechtstrieb der Männer einer klar definierten Aufgabe, nämlich sicherzustellen, dass die Spezies Mensch nicht ausstirbt. Außerdem musste der Mann seinen Samen so weit wie möglich und so oft wie möglich streuen.

Damit eine Frau das Verlangen nach Sex verspürt, muss sie sich geliebt, bewundert und wichtig fühlen. Und genau hier liegt das Problem, das den meisten Paaren nicht so recht klar ist. Ein Mann braucht Sex, bevor er sich auf seine Gefühle einlassen kann. Unglücklicherweise ist es für eine Frau nötig, dass er sich zuerst gefühlsmäßig öffnet, bevor sie auch nur den leisesten Wunsch nach Sex verspürt.

Frauen haben von ihren Müttern gelernt, dass Männer immer nur »das Eine« wollen, nämlich Sex; doch das trifft nur bedingt zu. Männer wollen auch Liebe, aber sie können Liebe nur durch Sex erfahren.

Davon abgesehen gibt es noch weitere Unterschiede:

Männer funktionieren beim Sex eher wie Gasherde und Frauen wie Elektroherde, was schon mal grundsätzlich für Probleme sorgt. Außerdem drücken Männer auch körperlich beim Sex das aus, was sie an Gefühlen anderweitig nicht mitteilen können. Es gibt nur wenige Probleme, die ein Mann haben kann und die sich für ihn nicht durch guten Sex lösen lassen. Ein Mann empfindet Sex nur dann als befriedigend, wenn Spannungen abgebaut werden. Eine Frau hat genau das umgekehrte Bedürfnis – sie braucht das langsame Aufbauen von Spannung über einen längeren Zeitraum hinweg. Voraussetzung hierfür ist, dass der Mann ihr viel Aufmerksamkeit und Gehör schenkt. Er will sich entleeren, sie sucht Erfüllung. Wenn ein Mann diesen Unterschied versteht, kann er ein einfühlsamer Liebhaber werden. Eine Frau hingegen sollte Verständnis dafür haben, wenn der Mann sich ihr nach dem Sex manchmal entzieht, indem er aufsteht und »etwas tut«, wie zum Beispiel eine Glühbirne auswechseln oder Kaffee kochen. Der Grund hierfür ist, dass ein Mann sich stets und überall als Herr der Lage fühlen muss, und während eines Orgasmus verliert er kurzzeitig die Kontrolle über sich. Indem er aufsteht und etwas tut, erlangt er die Kontrolle über sich selbst zurück.

Die meisten Paare beachten diese Unterschiede nicht und jeder erwartet vom anderen, dass er die eigenen Bedürfnisse versteht, aber die Natur hat es nun einmal anders eingerichtet. Es mag Mode sein zu behaupten, dass moderne Männer und Frauen in gleichem Maße an Sex interessiert bzw. dass normale Paare sexuell perfekt aufeinander abgestimmt seien, doch im wirklichen Leben sieht es anders aus.

Die sexuellen Prioritäten von Frauen und Männern sind nun mal so verschieden, dass es unsinnig ist, sich deswegen gegenseitig Vorwürfe zu machen. Weder Frauen noch Männer können etwas für ihr Wesen. Sie sind eben einfach so gemacht.

Sind Sie bereit für die Ehe?

Denken Sie darüber nach, demnächst zu heiraten? Oder haben Sie zwar den Wunsch, sind sich aber nicht sicher, ob Ihre Beziehung auch tatsächlich Bestand haben wird? Dann machen Sie diesen Test und Sie werden sofort herausfinden, ob Ihre Partnerschaft auf einer soliden Basis steht und Sie sich bedenkenlos ins Abenteuer »Ehe« stürzen können, ob Sie besser noch ein Weilchen warten oder ob Sie gar Ihre Entscheidung gründlich überdenken sollten.

Kreuzen Sie bitte jeweils die Kästchen vor den folgenden Aussagen an, wenn Sie diese mit »Ja« beantworten können.

- ❑ Ihr Partner und Sie haben zahlreiche gemeinsame Interessen und das ist Ihnen beiden auch wichtig.
- ❑ Sie freuen sich schon darauf, mit Ihrem Partner alt zu werden.
- ❑ Sie haben den Haushalt zu Ihrer beider Zufriedenheit geregelt.
- ❑ Sie lachen oft und viel, wenn Sie zusammen sind.
- ❑ Nach einem Streit macht jeder von Ihnen mal den ersten Schritt.

- ❏ Jeder von Ihnen trifft sich auch noch regelmäßig mit seinen Freunden.
- ❏ Sie haben beide die gleichen Erwartungen ans Leben.
- ❏ Sie sind sich darüber einig, dass Sie Kinder wollen bzw. keine Kinder wollen.
- ❏ Sie fühlen sich bei Ihrem Partner jederzeit wohl und geborgen.
- ❏ Sie ähneln sich sehr, was den Umgang mit Geld angeht.
- ❏ Sie haben beide einen Beruf, den Sie sehr mögen und der gleichermaßen wichtig für Sie ist.
- ❏ Die wenigen Schwächen Ihres Partners können Sie akzeptieren.
- ❏ Sie schätzen Ihren Partner sehr und zeigen ihm Ihren Respekt.
- ❏ Sie wissen um die sexuellen Wünsche des anderen und sprechen auch immer mal wieder darüber.
- ❏ Sie sind sich sicher, dass Sie aus Krisensituationen gestärkt hervorgehen.
- ❏ Sie sind beide im Grunde ähnlich kompromissbereit.
- ❏ Sie mögen beide die Familie des anderen und schätzen sie gleichermaßen.
- ❏ Ihre Freunde mögen Ihren Partner sehr und umgekehrt ist es genauso.

- ❑ Sie können beide Fehler zugeben und müssen nicht stur auf Ihrem Recht beharren.
- ❑ Sie vertrauen sich gegenseitig.

Der entlarvende Treue-Test

Ein Mann, der verheiratet ist oder eine langfristige Beziehung eingegangen ist, hat immer die geheime Sorge, dass andere, unverheiratete Männer mehr Sex und mehr Spaß haben als er. Er stellt sich wilde Single-Partys vor, sexuelle Abenteuer und Whirlpools voller nackter Supermodels. Er befürchtet, dass ihm die tollsten Gelegenheiten entgehen, dass er etwas verpasst. Dabei spielt es keine Rolle, dass sich ihm derartige Gelegenheiten nie geboten hatten, als er noch nicht verheiratet war. Er hat die einsamen Abende zu Hause total vergessen, an denen er aus einer Dose kalte Bohnen löffelte, wie auch die demütigenden Abfuhren, die ihm Frauen vor den Augen seiner Freunde auf Partys erteilten, und die langen Durststrecken ohne Sex. Ein Mann macht sich einfach Sorgen, dass seine ehelichen Verpflichtungen gleichbedeutend mit »etwas verpassen« sind – er kann nicht anders.

Frauen hingegen sind solche Sorgen eher fremd. Sie machen sich in einer Beziehung nicht ständig Gedanken, was sie alles verpassen, sondern genießen vielmehr das, was sie hinzugewonnen haben. Daher sind sie auch nicht auf der Suche nach dem großen Abenteuer oder einem prickelnden erotischen Erlebnis, wenn sie fremdgehen. Natürlich bestätigen auch hier Ausnahmen die Regel, doch in den meisten Fällen fühlen sie sich vernachlässigt oder von ihrem Partner nicht mehr ausreichend geliebt und suchen in einer Affäre die vermisste Geborgenheit und Nähe.

Wie sieht es nun mit Ihrem Partner aus? Ist er wirklich treu? Oder bietet er Ihnen durchaus ab und an einen Anlass, ein wenig misstrauisch zu werden? Und ist er auch immer ehrlich zu Ihnen oder sucht er sich schon mal ganz gerne seinen Vorteil?

Vielleicht kennen Sie Ihren Partner ja auch noch nicht so lange und möchten ihn mal kurz in einigen Punkten auf die Probe stellen. Hier haben Sie nun Gelegenheit dazu. Kreuzen Sie jeweils die Antwort an, die am ehesten auf Sie oder Ihren Partner zutrifft.

1. Ist Ihr Partner eifersüchtig?

a) Ja, sehr.
b) Nein, überhaupt nicht.
c) Hin und wieder, aber nicht übermäßig.

2. Und Sie?

a) Ja, sehr.
b) Nein, überhaupt nicht.
c) Hin und wieder, aber nicht übermäßig.

3. Was hält Ihr Partner ganz allgemein von Treue?

a) Im Grunde ist sie ihm schon wichtig, er würde Ihnen aber einen Seitensprung verzeihen.
b) Treue ist für ihn die Grundvoraussetzung einer Beziehung.

c) In seinen bisherigen Beziehungen hat er es damit nicht so genau genommen.

4. Und wie steht es mit Ihnen?

a) Im Grunde ist sie Ihnen schon wichtig, Sie würden ihm aber einen Seitensprung verzeihen.
b) Treue ist für Sie die Grundvoraussetzung einer Beziehung.
c) In Ihren bisherigen Beziehungen haben Sie es damit nicht so genau genommen.

5. Hat Ihr Partner Sie schon mal angelogen?

a) Nein, nie.
b) Vielleicht mal eine kleine Notlüge, aber das ist Ihnen sicher auch schon mal passiert.
c) Ja, mehr als einmal sogar.

6. Wie äußert Ihr Partner seine Zuneigung Ihnen gegenüber?

a) Er sagt Ihnen regelmäßig, dass er Sie liebt.
b) Er hat noch nie gesagt, dass er Sie liebt.
c) Er zeigt es nicht so sehr in Worten, sondern eher in Gesten und Taten.

7. Hat Ihr Partner Geheimnisse vor Ihnen?

a) Nicht dass Sie wüssten, Sie erzählen sich immer alles.

b) Ja, und Sie leiden sehr darunter, da Sie ihm alles anvertrauen.
c) Bestimmt hat er welche, aber solange es nur kleine Geheimnisse sind, ist es kein Problem – die haben Sie auch.

8. Redet Ihr Partner gerne von Expartnern oder ehemaligen Affären?

a) Ja, und zwar häufiger, als es Ihnen recht ist.
b) Nein, das tut er nie, obwohl Sie gerne mehr wüssten.
c) Das tun Sie beide nicht.

9. Unternimmt Ihr Partner häufiger etwas, ohne Ihnen zu sagen, wohin er geht und wen er trifft?

a) Nein, Sie wissen eigentlich immer, wo und mit wem er unterwegs ist.
b) Ja, häufiger, und er reagiert sehr gereizt, wenn Sie nachfragen.
c) Sie müssen nicht immer ganz genau wissen, wo er ist und was er tut – schließlich ist es umgekehrt genauso.

10. Kennen Sie die Freunde und Bekannten Ihres Partners, auch diejenigen, die anderen Geschlechts sind?

a) Soweit Sie wissen, ja.
b) Nein, nur einige wenige.
c) Nicht alle, aber die meisten, und umgekehrt ist es genauso.

11. Hatten Sie schon einmal den Verdacht, dass Ihr Partner Sie betrügt?

a) Ja, schon mehrmals.
b) Nein, noch nie.
c) Zum einen sehen Sie das nicht so eng, zum anderen vertrauen Sie sich da gegenseitig.

12. Schwärmt Ihr Partner öfter für Filmstars oder andere berühmte Personen?

a) Ja, und er macht keinen Hehl aus seiner Begeisterung.
b) Nein, so etwas tut er nicht.
c) Nicht so richtig, und außerdem tun Sie das auch manchmal.

13. Fährt Ihr Partner häufiger ohne Sie in Urlaub?

a) Nein, die schönste Zeit des Jahres wollen Sie gemeinsam verbringen.
b) Ja, mit Freunden, und das ist ihm auch sehr wichtig.
c) Hin und wieder fahren Sie beide getrennt in Urlaub, wenn es sich nicht anders einrichten lässt, aber das ist für beide okay.

14. War Ihr Partner Ihnen schon einmal untreu?

a) Ja, leider.
b) Nicht dass Sie wüssten, aber darüber denken Sie auch nicht nach.
c) Nein, ganz sicher nicht.

15. Führen Sie und Ihr Partner eine Fernbeziehung oder ist einer von Ihnen häufig beruflich unterwegs?

a) Nein.
b) Ja, aber wir empfinden das beide als angenehm.
c) Ja, und unsere Beziehung kommt dadurch zu kurz.

Wie ist es um Ihre Stressresistenz bestellt?

Gestresste Männer trinken Alkohol und rücken in anderen Ländern ein. Gestresste Frauen essen Schokolade und rücken in Einkaufszentren ein. Wenn sie unter Druck stehen, reden Frauen, ohne zu denken, und Männer handeln, ohne zu denken. Das ist auch der Grund dafür, dass neunzig Prozent aller Gefängnisinsassen Männer und neunzig Prozent aller Menschen, die zum Psychotherapeuten gehen, Frauen sind.

Wenn Männer und Frauen gleichzeitig unter Druck stehen, kann sich daraus ein emotionales Minenfeld entwickeln.

Daher wollen wir uns in diesem Test Ihrer Stressresistenz widmen. Finden Sie heraus, ob Sie leicht gestresst sind und damit womöglich Ihre Beziehung (unnötig) belasten.

Kreuzen Sie bitte jeweils die Antwort an, die auf Sie zutrifft.

1. Sie sind auf dem Weg ins Büro, müssen vorher aber noch in der Apotheke vorbei, um ein bestelltes Medikament abzuholen. Mit Ihnen kommt eine alte Dame herein, die sich erst vordrängelt und dann der Apothekerin

in allen Einzelheiten von ihren Wehwehchen berichtet. Wie verhalten Sie sich?

a) Sie schmunzeln über die alte Dame und gönnen Ihr das Schwätzchen. Auf die fünf Minuten kommt es Ihnen wahrlich nicht an.
b) Sie könnten förmlich aus der Haut fahren und machen Ihrem Ärger über die alte Dame mit einer gepfefferten Bemerkung Luft, bevor Sie aus der Apotheke stürmen.
c) Falls Sie es sehr eilig haben, unterbrechen Sie die beiden höflich und weisen auf Ihre Situation hin, ansonsten lassen Sie die Dame gewähren.

2. Sie sollen eine wichtige Konferenz vorbereiten, haben noch eine ganze Liste von Dingen, die Sie dafür abarbeiten müssen, vor sich und stehen unter extremem Zeitdruck. Da ruft Ihre Mutter an und will wissen, wann Sie mal wieder vorbeikommen. Was antworten Sie?

a) Sie fahren sie gereizt an, warum sie im Büro anrufe, wo Sie ihr doch gesagt haben, dass sie dies nur in Notfällen tun soll. Die Lust, sie zu besuchen, sei Ihnen übrigens hiermit vergangen, blaffen Sie noch, bevor Sie den Hörer auflegen.
b) Sie nehmen sich die paar Minuten Zeit und telefonieren kurz mit Ihrer Mutter – darauf kommt es nun auch nicht mehr an.
c) Sie sagen ihr, dass Sie sich über den Anruf freuen, momentan jedoch keine Zeit zum Plaudern haben, und versprechen, sich am Abend bei ihr zu melden.

3. Es ist einen Tag vor Heiligabend und Sie kommen nicht drum herum, sich in das Getümmel in der Innenstadt zu stürzen, um die letzten Weihnachtsgeschenke zu besorgen. Ihr Partner, der Sie begleitet, stöbert in aller Ruhe durch die Geschäfte, während Sie Ihre Liste abarbeiten wollen. Wie reagieren Sie?

a) Sie brechen spätestens nach einer halben Stunde einen handfesten Streit vom Zaun und werfen Ihrem Partner vor, dass Sie besser gleich ohne ihn losgegangen wären.
b) Sie lassen sich von ihm verleiten, und so verbummeln Sie gemeinsam die Zeit, bis Sie noch schnell die Geschenke besorgen.
c) Sie schlagen Ihrem Partner vor, sich zu trennen und in zwei Stunden in einem Café zu treffen – so ist jeder von Ihnen zufrieden.

4. Was passiert, wenn Sie unter extremem Stress stehen?

a) Sie werden aggressiv oder das Ganze schlägt Ihnen auf die Psyche.
b) Sie lassen sich nicht stressen.
c) Das ist von Situation zu Situation sehr unterschiedlich. Grundsätzlich versuchen Sie jedoch, den goldenen Mittelweg einzuhalten.

5. Fühlen Sie sich häufig gestresst?

a) Ja, oft.
b) Nein, das kommt eher selten vor.
c) Nein, nie.

Testauswertung

Sind Sie bereit für die Ehe?

Zählen Sie bitte zusammen, wie viele der Kästchen Sie angekreuzt haben, und lesen Sie in der entsprechenden Rubrik nach.

0–5 Kästchen angekreuzt
Sie sollten sich das mit dem Heiraten wirklich noch einmal ganz genau überlegen. Offensichtlich stimmen Sie mit Ihrem Partner ja nicht in allzu vielen Punkten überein. Und bei diesen Voraussetzungen stehen die Karten für eine lang anhaltende Ehe leider nicht gerade gut.

6–14 Kästchen angekreuzt
Je nachdem, ob Sie sich eher am oberen oder unteren Rand der Punkteskala bewegen, sollten Sie ein wenig vorsichtig sein. Hundertprozentig zuraten kann man Ihnen jedenfalls nicht. Dafür gibt es noch zu viele Punkte, die zwischen Ihnen und Ihrem Partner ungeklärt sind. Gehen Sie in sich und überlegen Sie sich genau, ob Sie ihn wirklich wollen, und wenn ja, räumen Sie die möglichen Missverständnisse aus, bevor Sie vor den Traualtar treten.

15–20 Kästchen angekreuzt
Ihnen kann man nur zuraten, eine Ehe einzugehen. Natürlich gibt es nie eine hundertprozentige Garantie, dass auch alles gut geht – was jedoch die Voraussetzungen

und Chancen betrifft, sieht es bei Ihnen bestens aus. Stürzen Sie sich also frei nach dem Motto »Wer wagt, gewinnt« in die Vorbereitungen, sie werden gemeinsam mit Ihrem Partner sicher das Beste daraus machen.

Der entlarvende Treue-Test

Zählen Sie anhand der folgenden Tabelle zusammen, wie oft Sie sich für Typ A, B oder C entschieden haben, und lesen Sie anschließend unter der Kategorie nach, in der Sie die meisten Punkte haben.

1. a) Typ A	6. a) Typ A	11. a) Typ C
b) Typ C	b) Typ C	b) Typ A
c) Typ B	c) Typ B	c) Typ B
2. a) Typ A	7. a) Typ A	12. a) Typ C
b) Typ C	b) Typ C	b) Typ A
c) Typ B	c) Typ B	c) Typ B
3. a) Typ C	8. a) Typ C	13. a) Typ A
b) Typ A	b) Typ A	b) Typ C
c) Typ B	c) Typ B	c) Typ B
4. a) Typ C	9. a) Typ A	14. a) Typ C
b) Typ A	b) Typ C	b) Typ B
c) Typ B	c) Typ B	c) Typ A
5. a) Typ A	10. a) Typ A	15. a) Typ A
b) Typ B	b) Typ C	b) Typ B
c) Typ C	c) Typ B	c) Typ C

Typ A
Ihr Partner ist eindeutig eher zur treuen Spezies zu rechnen – obwohl es auch hier keine hundertprozentige Garantie geben kann. Das Gleiche erwartet Ihr Partner daher selbstverständlich auch von Ihnen. Allerdings wird er manchmal ein bisschen eifersüchtig und besitzergreifend und schießt im Einzelfall schon mal über das gesunde Maß hinaus.

Typ B
Ihr Partner und Sie haben sehr ähnliche Auffassungen von Partnerschaft und Treue. Sie lassen sich Ihre Freiräume und gehen stets offen und ehrlich miteinander um. Auch stehen Sie mit ihm auf einer Ebene und Ihre Beziehung ist von gegenseitigem Respekt geprägt. Was wollen Sie mehr?

Typ C
Mit absoluter Treue können Sie bei Ihrem Partner leider nicht rechnen. Zwar wird er sich, solange Sie frisch verliebt und in Ihrer Beziehung alles in bester Ordnung ist, nicht nach günstigen Gelegenheiten zum Seitensprung umsehen. Doch früher oder später könnte sein Freiheitsdrang durchschlagen – und dann kann er für nichts mehr garantieren.

Wie ist es um Ihre Stressresistenz bestellt?

Wenn Männer und Frauen mit Stress auf ihre eigene Art umzugehen versuchen, kann es schnell zu Problemen innerhalb einer Beziehung kommen. Männer reden nicht mehr und Frauen machen sich deswegen Sorgen. Frauen fangen zu reden an und Männer wissen nicht, wie sie damit umgehen sollen. Die Frau versucht, den Mann dazu zu bringen, über sein Problem zu reden, damit er sich besser fühlt, dabei ist das das Verkehrteste, was sie tun kann. Seine Reaktion darauf ist, ihr zu sagen, sie solle ihn gefälligst in Ruhe lassen, und dann die Tür hinter sich zuzuschlagen.

Wenn sie auch unter Druck steht, will sie über ihre Probleme reden, was ihn nur noch mehr frustriert. Wenn er sich dann auf seinen einsamen Felsen zurückzieht, fühlt sie sich zurückgewiesen und ungeliebt und ruft ihre Mutter, Schwester oder Freundin an.

Versuchen Sie, diese unterschiedlichen Verhaltensweisen zu berücksichtigen, wenn Sie das nächste Mal genervt oder gestresst sind, und erwarten Sie nicht, dass Ihr Partner ebenso reagiert, wie Sie es tun würden. Nur so können Sie zusätzliche Streitereien vermeiden.

Zählen Sie anhand der folgenden Tabelle zusammen, wie oft Sie sich für Typ A, B oder C entschieden haben, und lesen Sie anschließend in der entsprechenden Rubrik nach.

1. a) Typ A
   b) Typ C
   c) Typ B
2. a) Typ C
   b) Typ A
   c) Typ B
3. a) Typ C
   b) Typ A
   c) Typ B
4. a) Typ C
   b) Typ A
   c) Typ B
5. a) Typ C
   b) Typ B
   c) Typ A

Typ A
Herzlichen Glückwunsch! Sie sind wirklich hochgradig stressresistent und lassen sich nur selten aus der Ruhe bringen. Sie verstehen es, viele Situationen mit Humor zu nehmen, und lassen sich den Tag weder von langen Warteschlangen noch unfreundlichen Menschen oder Zeitdruck verderben. Allerdings kann es gelegentlich passieren, dass Ihr Partner Sie gerade deswegen angreift, weil Sie so gut wie nie aus der Reserve zu locken sind und prinzipiell die Ruhe weghaben.

Typ B
Sie sind insgesamt gesehen ein recht ausgeglichener Mensch und versuchen, stets den Überblick zu behalten. Davon abgesehen bemühen Sie sich, stressige Situationen von vorneherein zu meiden, und fahren meist auch recht gut damit. Insgesamt fühlen Sie sich daher eher selten gestresst, da Sie zudem ziemlich gut organisiert sind und Ihren Tag meist »im Griff« haben. Sollten Sie tatsächlich einmal in Stress geraten, dann hält dieser Zustand selten lange an, da Sie umgehend gegensteuern.

Typ C
Sie sind sozusagen im Dauerstress. Das liegt zum einen daran, dass Sie sich leicht von anderen Menschen oder äußeren Umständen stressen lassen, und zum anderen daran, dass Sie selbst eher hektisch und chaotisch agieren. Meist versuchen Sie, mehrere Dinge gleichzeitig zu erledigen, und lassen sich (beispielsweise im Beruf oder von Freunden) schon mal mehr aufbürden, als Sie eigentlich schaffen können. Da Sie aber unter keinen

Umständen aufgeben oder zugeben möchten, dass Sie sich übernommen haben, sind Sie regelmäßig gestresst. Dadurch sind Sie natürlich auch leicht reizbar, was häufig Streit mit Ihrem Partner nach sich zieht. Versuchen Sie, Ihr tägliches Pensum auf das Notwendigste zu beschränken, und lassen Sie vor allem Ihren Stress nicht an anderen aus.

6. Kapitel

Lügen haben kurze Beine

Frauen – wandelnde Radarstationen

Formen der Lüge

Es gibt vier Formen der Lüge – die harmlose Lüge, die wohlmeinende Lüge, die böswillige Lüge und die täuschende Lüge. Die harmlose Lüge ist Teil unseres Sozialverhaltens und verhindert, dass wir einander mit der kalten, harten und schmerzlichen Wahrheit verletzen oder beleidigen. Die wohlmeinende Lüge wird von jemandem benutzt, der damit anderen helfen will. Wenn zum Beispiel ein Bauer, der Juden vor den Nazis versteckte, log, gilt das heute als heroische Tat. Auch Ärzte, die einem Patienten auf dem Sterbebett nicht die Wahrheit sagen, um ihn zu schonen, oder die unwirksame Medikamente, so genannte Placebos, verschreiben, sind streng genommen Lügner.

Gefährlich ist vor allem die täuschende Lüge, weil der Lügner damit das Opfer zu seinem eigenen Vorteil schädigen oder benachteiligen will. Es gibt zwei Anwendungsformen der täuschenden Lüge: Die Wahrheit wird entweder verheimlicht oder verfälscht. Beim Verheimlichen lügt man nicht direkt, man hält nur Informationen zurück. Beim Verfälschen präsentiert man falsche Informationen als wahr.

Diese Formen der Lüge sind keineswegs Versehen,

denn wir wenden sie bewusst an. Böswillige Lügen werden entweder aus Rache oder zum eigenen Vorteil eingesetzt. Bekannte Menschen wie Schauspieler und Politiker sind häufig Zielscheiben für böswillige Lügen, aus denen sich Profit schlagen lässt.

Böswillige Lügen oder das Ausstreuen von Gerüchten werden oft als Waffen im Konkurrenzkampf eingesetzt. Böswillige Lügner versuchen, den Charakter und den Ruf ihres Opfers nachhaltig zu schädigen. Ein Unternehmen kann zum Beispiel das Gerücht verbreiten, sein wichtigster Konkurrent befinde sich in finanziellen Schwierigkeiten.

Die häufigste Form der Lüge ist die Selbsttäuschung. Ein Mensch kann zwei Schachteln Zigaretten am Tag rauchen und trotzdem behaupten, er sei nicht süchtig, oder er kann sich selbst einreden, ein kalorienreicher Nachtisch mache nichts, obwohl er gerade auf Diät ist.

Je näher man jemandem steht, desto schwerer fällt es, den anderen anzulügen, weil Gefühle im Spiel sind. So hat ein Ehemann zum Beispiel Schwierigkeiten, seine Frau anzulügen, wenn er sie wirklich liebt, aber keine Probleme, wenn er im Krieg den Feind belügen muss. Das ist auch der Schlüssel zum pathologischen Lügner – er hat keine emotionale Bindung, daher ist Lügen für ihn immer einfach.

Wer lügt am meisten?

Die meisten Frauen werden energisch behaupten, dass Männer weit häufiger lügen als Frauen. Wissenschaftliche Untersuchungen und Experimente haben jedoch ergeben, dass Männer und Frauen etwa gleich häufig lügen. Nur der Inhalt ihrer Lügen unterscheidet sich. Frauen lügen oft, damit andere sich besser fühlen, Männer lügen, um gut dazustehen. Frauen lügen, um eine Beziehung zu schützen. Am schwersten fällt es Frauen, bei Gefühlen zu lügen. Männer lügen, um Streit zu vermeiden, außerdem prahlen sie gern damit, was für tolle Kerle sie in ihrer Jugend waren.

Das ist der Hauptunterschied zwischen männlichen und weiblichen Lügen. Eine Frau wird lügen und sagen, dass ihre Freundin in dem neuen Kleid toll aussieht, auch wenn sie denkt, die Gute habe darin eine Figur wie ein Sack Kartoffeln. Unter den gleichen Umständen wird der Mann die Freundin meiden, damit er nicht lügen muss. Er wird nur lügen, wenn er gezwungen wird, seine Meinung zu sagen. Dann murmelt er, das Kleid sei »interessant« oder »nett«, oder er lügt indirekt, indem er sagt: »Was soll ich sagen?« oder »Mir fehlen die Worte«. Oder er lügt doch und sagt, dass es ihm sehr gefällt. Aber wenn ein Mann lügt, erkennen das die meisten Frauen schnell.

Die Belege sind eindeutig – Frauen lügen genauso oft wie Männer, sie lügen nur anders. Weil Frauen so ein feines Gespür für Körpersprache und Untertöne in der Stimme haben, werden Männer beim Lügen eben häufiger erwischt.

Der kleine Schwindel- und Notlügen-Test

Jeder lügt. Am häufigsten wird gelogen, wenn man einander zum ersten Mal begegnet, weil sich dann jeder im besten Licht präsentieren will. Die meisten Lügen sind harmlose Lügen. Sie ermöglichen es uns, ohne Gewalt und Aggressionen zu leben, denn oft wollen wir lieber eine beschönigte Version der Wahrheit hören als die harten, kalten Fakten.

Wann haben Sie das letzte Mal gelogen? Noch nie? Das glauben wir Ihnen nicht. Denken Sie mal scharf nach und seien Sie ehrlich. Vielleicht haben Sie ja gar nicht richtig gelogen, sondern nur zugelassen, dass jemand anhand dessen, was Sie gemacht oder auch nicht gesagt haben, eine falsche Schlussfolgerung zog. Oder Sie haben nur ein bisschen geschwindelt, um die Gefühle des anderen nicht zu verletzen. Möglicherweise war es nur eine harmlose kleine Lüge – eine unbedeutende Schwindelei oder eine winzige Notlüge.

Wenn Sie jedem, dem Sie letzte Woche begegnet sind, die reine Wahrheit gesagt hätten, wo wären Sie dann jetzt? Im Krankenhaus? Oder vielleicht im Gefängnis? Wenn Sie genau das ausgesprochen hätten, was Ihnen durch den Kopf ging, wie hätte Ihr Gegenüber wohl reagiert? Eines ist sicher: Sie hätten keine Freunde mehr und wären wahrscheinlich arbeitslos.

Doch wie halten Sie es mit der Wahrheit? Sind Sie ein kleiner Lügenbaron? Lassen Sie sich ab und an – aus Bequemlichkeit, um niemandem wehzutun oder um selbst in besserem Licht dazustehen – zu einer kleinen Notlüge hinreißen? Oder nehmen Sie es mit der Wahrheit ganz genau? Wenn Sie es herausfinden wollen, kreuzen Sie jeweils die Kästchen vor den folgenden Aussagen an, wenn Sie diese mit »Ja« beantworten können. Bei den Äußerungen, die sich eindeutig entweder an Männer oder an Frauen richten, überlegen Sie einfach, wie Sie sich in dieser Lage verhalten würden, und entscheiden dann, ob Sie die entsprechende Aussage ankreuzen wollen.

- ❑ Sie machen schon mal gute Miene zum bösen Spiel, wenn Sie sich dadurch einen Vorteil erhoffen.
- ❑ Sie kämmen die wenigen noch verbliebenen Strähnen über Ihre kahle Stelle und hoffen, Sie könnten immer noch volles Haar vortäuschen.
- ❑ Sie haben schon mal Kopfschmerzen oder Migräne vorgeschützt, um eine Verabredung abzusagen.
- ❑ Wenn Sie zu spät kommen, sind Sie nie um eine Ausrede verlegen.
- ❑ Wenn Sie mit Ihrem Partner streiten, verdrehen Sie schon mal ein wenig die Tatsachen, um Ihre eigene Position zu verdeutlichen.
- ❑ Sie haben durchaus schon mal auf die Frage »Wie geht's?« ein »Danke, gut« gemurmelt, obwohl das genaue Gegenteil der Fall war, Sie jedoch nicht darüber sprechen wollten.
- ❑ Sie haben als Kind Ihrer Mutter an Muttertag mal ein Gedicht geschenkt, in dem sie als perfekte Mutter besungen wird, obwohl Sie sich von ihr häufig ungerecht behandelt und unverstanden fühlten.

- ❑ Sie tragen gerne hohe Absätze, damit Ihre Beine länger wirken.
- ❑ Wenn man Sie nach Ihrem Alter fragt, reden Sie sich elegant aus der Affäre.
- ❑ Sie haben bei einem Vorstellungsgespräch schon mal ein bisschen übertrieben, um sich besser darzustellen.
- ❑ Als Ihr bester Freund/Ihre beste Freundin Sie fragte, was Sie von seinem/ihrem neuen Partner halten, haben Sie etwas Nettes gesagt, obwohl er/sie Ihnen nicht so richtig sympathisch war.
- ❑ Sie färben regelmäßig Ihr Haar, um die grauen Strähnen abzudecken und dadurch jünger auszusehen.
- ❑ Wenn Sie Ihr Auto verkaufen wollten, würden Sie möglicherweise vergessen zu erwähnen, dass der Motor manchmal Öl verliert.
- ❑ Wenn Ihre Großtante Ihnen eine scheußliche Blumenvase zum Geburtstag schenkte, würden Sie ihr zuliebe trotzdem »Oh wie schön!« sagen.
- ❑ Wenn Sie zum Essen eingeladen sind, sagen Sie dem Koch zuliebe immer, dass es lecker schmeckt, selbst wenn dies nicht der Fall ist.
- ❑ Wenn Sie sich in Internet-Chatrooms bewegen, nehmen Sie es mit den Angaben zu Ihrer Person nicht so genau.
- ❑ Als ein Bekannter Ihnen neulich seine neue Brille vorgeführt hat, sagten Sie: »Steht dir gut«, obwohl Sie das Teil scheußlich fanden.

- ❑ Sie haben einem Kind schon mal erzählt, dass es den Weihnachtsmann oder das Christkind gibt.
- ❑ Sie benutzen regelmäßig Make-up und haben auch schon mal über künstliche Fingernägel nachgedacht.
- ❑ Wenn Sie Ihr Haus zum Verkauf ausschrieben, würden Sie nicht von vorneherein erwähnen, dass es direkt in einer Einflugschneise liegt.

Der ultimative Lügendetektor-Test

Wir lügen aus zwei Gründen – um einen Vorteil zu erlangen oder Schmerzen zu vermeiden. Glücklicherweise empfinden die meisten Menschen Schuld, Reue oder Unbehagen, wenn sie lügen, und können das kaum verbergen. Daran können andere Menschen erkennen, ob man sie belügt oder ihnen die Wahrheit sagt. Mit ein wenig Übung erkennt man leicht die Signale im Verhalten und lernt, wie man sie entschlüsselt.

Natürlich gibt es keinen hundertprozentigen Lügentest, der absolut hieb- und stichfest ist. Denn erfahrene Lügner zeigen in der Regel recht wenig Anspannung und bestehen den Test mit dem Lügendetektor sogar eher als ehrliche Menschen, die in Testsituationen grundsätzlich nervös sind.

Daher können auch die hier gestellten Fragen und Aufgaben letztlich nur Anhaltspunkte bieten, die Ihnen dabei helfen sollen, einen Lügner zu entlarven. Erwarten Sie also keine Wunder, sondern verlassen Sie sich außerdem auf Ihren Instinkt und Ihren gesunden Menschenverstand.

Ist Ihr Partner eine Frau, so widmen Sie sich bitte Teil 1 dieses Tests, ist er ein Mann, lesen Sie bitte die einzelnen Aussagen in Teil 2 aufmerksam durch. Kreuzen Sie jeweils diejenigen an, die auf Ihren Partner in den geschilderten oder ähnlichen Situationen zutreffen, das können durchaus auch mehrere Aussagen pro Situation sein. Sollte keine der Aussagen auf Ihren Partner zutreffen, so kreuzen Sie keine davon an und machen einfach mit der nächsten Situation weiter.

Teil 1

1. Sie öffnen Ihren gemeinsamen Schuhschrank, in dem die Schuhe Ihrer Partnerin ohnehin fünf Sechstel des zur Verfügung stehenden Platzes einnehmen, als Ihnen ein ungetragenes und völlig unbekanntes Paar Schuhe entgegenfällt. Offensichtlich hat Ihre Partnerin mal wieder zugeschlagen. Was sagt sie, wenn Sie eine Bemerkung darüber fallen lassen?

❑ Sie sagt: »Ja, genau, die Schuhe. Ich habe völlig vergessen, dir davon zu erzählen. Sind sie nicht schön?«, wobei sie verlegen lächelt.

❑ Sie tut das Ganze als Nebensächlichkeit ab und druckst ungewohnt auffällig herum. »Ach die ... die ... habe ... ich mir vor einer Ewigkeit gekauft ... und nie getragen.«

- ❑ Sie tut völlig genervt und sagt mit leicht aggressivem Unterton: »Die habe ich mir von Miriam geliehen. Oder glaubst du mir etwa nicht?«
- ❑ »Huch, wo kommen die denn her?«, versucht sie einen plötzlichen Demenz-Anfall vorzutäuschen, bevor sie mit einem gemurmelten »Keine Ahnung« von der Bildfläche verschwindet.
- ❑ »Die waren super billig. Ein echtes Schnäppchen, das kannst du mir ruhig glauben«, behauptet sie mit weitaus schrillerer Stimme als sonst.

2. Sie hegen seit einiger Zeit den Verdacht, dass Ihre Partnerin nicht wirklich mit ihrer besten Freundin zum Tennis geht, wenn sie es behauptet. Zwar haben Sie keinen Anlass zu glauben, dass sie einen Geliebten hat, doch irgendetwas stimmt nicht, das spüren Sie deutlich. Eines Abends stellen Sie sie zur Rede und sprechen sie – sachlich, aber doch unverblümt – darauf an. Was passiert?

- ❑ Sie ruft völlig konsterniert: »Ich schwöre, dass ich mit Steffi zum Tennis gehe.« Dabei zittert ihre Stimme jedoch leicht.
- ❑ Sie fordert Sie empört auf, ihre beste Freundin auf der Stelle anzurufen, damit Sie sich von ihrer Ehrlichkeit überzeugen können. Dazu hält sie Ihnen sogar den Telefonhörer hin. Doch ihr rechtes Auge zuckt so merkwürdig.

- ❑ Sie reibt nervös die Hände aneinander, behauptet jedoch weiterhin, beim Tennis gewesen zu sein, und fügt noch hinzu: »Wie kannst du mir nur so etwas vorwerfen, du Schuft!«
- ❑ Sie wirkt völlig überrascht und sagt nur verwundert: »Ich habe keinerlei Grund zu lügen.« Weiteren Nachfragen geht sie jedoch aus dem Weg – mit der Begründung, auf eine solche Diskussion müsse sie sich nun wirklich nicht einlassen.
- ❑ Sie ist außer sich vor Wut und wirft Ihnen vor, sie mit Ihrer Eifersucht tatsächlich eines Tages in die Arme eines anderen Mannes zu treiben. Dabei zuckt ihr rechter Mundwinkel auffällig und ihre Pupillen verengen sich.

3. Sie wollen am Wochenende mal wieder ausgiebig Ihr Auto putzen und suchen im Schrank nach Ihrer alten Jeans, die Sie für solche Zwecke extra aufgehoben haben. Obwohl Sie ungefähr eine halbe Stunde lang das Unterste zuoberst kehren, werden Sie nicht fündig und fragen ratlos Ihre Partnerin, ob sie wisse, wo die Hose sei. Wie reagiert sie?

- ❑ Sie wird ungehalten und fährt Sie schnippisch an: »Was kann ich denn dafür, wenn du keine Ordnung halten kannst? Es ist wahrlich nicht mein Problem, wenn du dieses olle Ding nicht findest«, bevor sie aus dem Zimmer rauscht.

- ❑ Sie wird rot und wendet sich ab, ehe sie kaum verständlich murmelt: »Ich habe nicht die geringste Ahnung. Ehrlich!«
- ❑ »Vielleicht ... ist sie ... in ... der Wäsche«, stammelt sie, seufzt kurz und schlägt dann betont freundlich vor: »Zieh doch einfach die braune Cargohose an.«
- ❑ »Weiß nicht«, sagt sie und wendet sich rasch ab. »Komm, ich helfe dir suchen«, bietet sie dann noch an, was sie vorher noch nie gemacht hat.
- ❑ Sie sagt: »Die ... ja, also ... die habe ich neulich zu heiß gewaschen und musste sie leider wegwerfen. Tut mir echt Leid. Ich hätte es dir ja schon viel früher erzählt, wenn nicht ...«

4. Sie haben gemeinsam mit Ihrer Partnerin eine Eigentumswohnung gekauft und sich geeinigt, dafür beide auf einige Dinge zu verzichten. Sie halten sich eisern daran, auch wenn es Ihnen ab und an schwer fällt, während Ihre Partnerin schon wieder mit einer Tüte aus einer Designer-Boutique nach Hause kommt. Wie rechtfertigt sie ihren Kauf?

- ❑ Sie behauptet, ihre beste Freundin habe ihr den neuen Pulli geschenkt, um ihr eine Freude zu machen, und betrachtet dabei angestrengt ihre Fingernägel.
- ❑ Sie sagt ohne jedes Anzeichen von schlechtem Gewissen, wenn auch eine Oktave höher als sonst: »Liebling, du wirst doch jetzt wohl nicht streiten wollen?«

- ❑ Sie überhört Ihre Frage geflissentlich und fragt empört zurück: »Ich musste ihn kaufen. Oder willst du, dass ich demnächst nackt ins Büro gehe?«
- ❑ Sie grinst ertappt und versucht Ihnen zu schmeicheln: »Darin sehe ich so sexy aus, morgen Abend auf der Party wird dich jeder Mann um mich beneiden!«
- ❑ Sie reibt sich verlegen über die Nasenspitze und sagt: »Das war ein absolutes Sonderangebot. Wir haben bei dem Kauf sogar noch Geld gespart, weil Moni sonst ihren Pulli nicht billiger bekommen hätte.«

5. Ihre Mutter hat Sie und Ihre Partnerin am Sonntag zum Essen eingeladen und wird schnell ungehalten, wenn man unpünktlich ist. Ihre Partnerin wollte vorher nur mal kurz bei ihrer Freundin vorbeifahren und hat hoch und heilig versprochen, pünktlich zurück zu sein – was natürlich nicht der Fall ist. Wie entschuldigt sie sich?

- ❑ Sie setzt zu einem detaillierten Erklärungsmarathon an und beschreibt in allen Einzelheiten den Ablauf des Vormittags, wobei sie die Ereignisse für jeden erkennbar dramatisiert, ohne jedoch einen Grund für ihr Zuspätkommen zu nennen.
- ❑ Sie nestelt am Reißverschluss ihrer Jacke herum und sagt: »Katja ist schuld. Sie hat mich aufgehalten. Wirklich. Du kannst sie ja fragen, wenn du mir nicht glaubst.«

- ❑ Sie sagt mit lauterer Stimme als sonst: »Tut mir Leid. Das Auto ist nicht angesprungen und der Akku des Handys war leer.«
- ❑ Sie sagt nur: »Ich kann nichts dafür. Das musst du mir glauben.«
- ❑ Sie versucht abzulenken, indem sie sich darüber auslässt, dass Ihre Mutter eine elende alte Spießerin sei und ihr mit diesem Pünktlichkeitsfimmel auf die Nerven gehe.

Teil 2

1. Ihr Partner kommt morgens um 4.00 Uhr leicht schwankend von einem geselligen Abend mit seinem besten Freund nach Hause. Er riecht auffällig nach Pfefferminz (das er sonst gar nicht mag) und versucht, möglichst leise zu sein, um Sie nicht aufzuwecken – was ihm aber nicht gelingt. Sie stellen ihn sofort zur Rede und fragen ihn mit vorwurfsvoller Stimme, ob er etwa betrunken sei. Wie reagiert er?

- ❑ Er murmelt: »Ich bnn nich bedrunggnnn.«
- ❑ Er erzählt Ihnen so belanglos wie möglich von dem Abend, redet aber deutlich lauter oder schneller als sonst.
- ❑ Er sagt nur: »Ich habe nicht viel getrunken. Ehrlich!«
- ❑ Er bestreitet es zwar, weicht dabei aber offensichtlich Ihrem Blick aus.

- ❑ Er antwortet: »Ich bin nüchtern. Mich soll auf der Stelle der Blitz treffen, wenn es nicht so ist!«

2. Sie wollten nach Feierabend eigentlich mit einer Kollegin in ein klassisches Konzert gehen, doch sie sagt Ihnen in letzter Minute ab. Daher kommen Sie vor Ihrem Partner nach Hause und hören den Anrufbeantworter ab, auf dem eine Ihnen unbekannte Charlotte ihren »Schatz« in säuselndem Tonfall um dringenden Rückruf bittet. Was passiert, wenn Sie ihn später deswegen zur Rede stellen?

- ❑ »Wer soll das sein?«, sagt er und flötet dabei wie ein Kanarienvogel. »Ich kenne diese Person nicht.«
- ❑ Er sagt: »Keine Ahnung, Liebling. Die Frau muss sich verwählt haben!«, und wühlt angestrengt in seiner Aktentasche.
- ❑ »Da hat sich wohl jemand einen üblen Scherz erlaubt«, versucht er abzuwehren, ohne Sie jedoch dabei anzusehen.
- ❑ »Kann ich denn nach einem anstrengenden Bürotag nicht mal meine Ruhe haben?«, holt er überraschend aggressiv zum Gegenangriff aus. »Ich habe wirklich keine Lust, mich jetzt mit deinen dämlichen Unterstellungen zu befassen!«
- ❑ »Damit habe ich nichts zu tun«, antwortet er und sieht Sie mit seinem typischen Dackelblick an. »Das schwöre ich dir beim Grab meiner Mutter.«

3. Sie planen seit langer Zeit mal wieder einen Opernabend und bitten Ihren Partner, sich um die Karten zu kümmern. Da Sie sich eine besonders umworbene Premiere ansehen möchten, ist rasches Handeln gefragt. Als Sie ihn nach drei Tagen auf die Karten ansprechen, stellt sich heraus, dass die Veranstaltung inzwischen ausverkauft ist – und Sie leider keine Karten dafür haben. Enttäuscht stellen Sie ihn zur Rede und fragen ihn, warum er die Karten nicht rechtzeitig besorgt hat. Was passiert?

❑ Er wird ungehalten und fängt an, Sie zu beschimpfen. Dabei reagiert er unerwartet heftig, ist kaum zu beruhigen und sagt schließlich, er habe gar keine Lust mehr, mit Ihnen irgendwohin zu gehen.

❑ Er beginnt mit einer leidenschaftlichen, wenn auch fast schon hanebüchenen Rechtfertigungslitanei, in der mindestens dreimal die Wendung »Das kannst du mir ruhig glauben« vorkommt.

❑ Er berichtet ausschweifend von seinen missglückten Versuchen, die Karten zu besorgen, reibt sich dabei aber mehrfach die Augen und/oder streicht sich über die Nasenspitze.

❑ Er lächelt langsam und gequält, während er behauptet, die Veranstaltung sei schon längst ausverkauft gewesen, als Sie ihn baten, die Karten zu besorgen.

❑ Er versucht, vom Thema abzulenken, und errötet dabei.

4. Sie haben Hochzeitstag. Ihr Mann muss wegen eines dringenden beruflichen Termins extrem früh aus dem Haus und Sie sehen sich erst, als er am frühen Abend aus dem Büro nach Hause kommt. Sie lassen Ihr Geschenk fürs Erste noch in der Schublade und warten erst einmal ab. Als er sich jedoch in aller Seelenruhe mit der Zeitung auf die Terrasse setzt, um zu entspannen, sind Sie sicher, dass er den Hochzeitstag vergessen hat. Sie sprechen ihn vorsichtig darauf an, ohne ihm Vorhaltungen oder Vorwürfe zu machen. Was tut er?

❑ Er behauptet, er habe das Geschenk nur im Wagen vergessen, geht nach draußen und kommt nach zehn Minuten wieder – mit einem Blumenstrauß und einem reumütigen Grinsen im Gesicht.

❑ Er sagt im Brustton der Überzeugung, wenn auch eine Oktave höher als sonst: »Liebling, wir müssen uns unsere Liebe doch nicht mit materiellen Dingen beweisen.«

❑ Er erklärt Ihnen wortreich, dass seine Sekretärin an allem schuld sei, und steckt dabei die Hände in die Taschen.

❑ Er rennt mit Schweißperlen auf der Stirn suchend durchs ganze Haus und wiederholt immer wieder, dass er das Geschenk irgendwo versteckt habe, es jedoch nicht finden könne. Und präsentiert Ihnen am nächsten Tag das Päckchen, das er zuuufällig wiedergefunden hat.

- ❑ Er stottert etwa fünf Minuten herum, ohne wirklich erklären zu können, was da eigentlich passiert ist, und sagt ständig »äh« oder »hmm« oder »öh«, was er sonst gar nicht tut.

5. Sie sind mit Ihrem Partner zu einer Silvesterparty bei Bekannten eingeladen. Es handelt sich um einen halb offiziellen Anlass und Sie möchten unbedingt eine gute Figur machen. Nachdem Sie fast Ihren gesamten Kleiderschrank durchprobiert haben, ziehen Sie doch wieder das Kleid an, das Sie als Erstes herausgeholt hatten. Sie fragen Ihren Mann, wie Sie aussehen. Was antwortet er?

- ❑ »Gut, mein Schatz«, ohne Sie auch nur einmal anzusehen.
- ❑ Er nestelt mehrfach an seiner Krawatte herum, obwohl der Knoten perfekt sitzt, und murmelt so undeutlich, dass Sie ihn kaum verstehen: »Wir sind spät dran. Passt doch. Wir müssen jetzt los.«
- ❑ »Du weißt doch, dass du mir immer gefällst«, behauptet er beiläufig und wirkt dabei bemüht teilnahmslos.
- ❑ »Schön. Wieso sollte ich dich denn anlügen? Du weißt, das würde ich nie tun.«
- ❑ »Wunderbar«, sagt er schnell und eilt aus dem Zimmer.

Testauswertung

Der kleine Schwindel- und Notlügen-Test

Zählen Sie bitte zusammen, wie viele der Kästchen Sie angekreuzt haben, und lesen Sie in der entsprechenden Rubrik nach.

0–5 Kästchen angekreuzt
Unglaublich! Sie scheinen ja selbst gegen die kleinen Schwindeleien des Alltags gefeit zu sein. Wenn Sie die Fragen in diesem Test ehrlich beantwortet haben – und davon gehen wir hier selbstredend aus –, dann sind Sie ein echtes Phänomen – oder ein armer Trottel.

Warum? Ganz einfach: Indem Sie mit der Maxime »Ich könnte nie jemanden belügen« durchs Leben gehen und immer und jedem die Wahrheit sagen, tun Sie weder sich noch Ihren Mitmenschen einen Gefallen. Sie dürfen nämlich nicht vergessen, dass die meisten Menschen der Wahrheit nur ungern ins Auge sehen. Wie sagte schon Robert Ringer? »Die Leute sagen, sie lieben die Wahrheit, aber in Wirklichkeit wollen sie glauben, dass das, was sie lieben, wahr ist.«

6–14 Kästchen angekreuzt
Sie liegen gut im Durchschnitt. Zwar lügen Sie meist nicht bewusst oder absichtlich, doch den ein oder anderen Trick, etwa um besser auszusehen, nicht unangenehm aufzufallen oder jemandem einen Gefallen zu tun, haben Sie durchaus schon angewendet.

Solange Sie aufpassen, dass Sie nicht zu häufig zu Notlügen greifen und sich irgendwann in einem Lügengespinst verstricken, aus dem Sie unbeschadet nicht mehr herauskommen, ist alles in bester Ordnung.

15–20 Kästchen angekreuzt

Sie sind wahrlich ein echter Schwindelbaron! Notlügen gehören bei Ihnen sozusagen zum Standardprogramm und werden je nach Bedarf gezielt eingesetzt. Doch auch wenn Sie von Ihrer Fähigkeit zur Täuschung anderer überzeugt sind, sollten Sie aufpassen. Vor allem wenn Sie als Kind schon Ihre Eltern angelogen haben, um Strafen zu vermeiden, und inzwischen auch vor handfesten Lügen oder gar Betrügereien nicht zurückschrecken.

Denn die meisten Lügen haben kurze Beine, weil sie in der Regel von starken Gefühlen begleitet werden, die als optische und verbale Warnsignale fungieren. Je mehr Gefühle beteiligt sind, desto mehr Hinweise gibt der Lügner preis. Sehen Sie sich also vor – und lassen Sie sich wenigstens nicht erwischen, wenn Sie schon nicht aufs Lügen verzichten können.

Der ultimative Lügendetektor-Test

Ganz egal, ob Ihr Partner nun männlich oder weiblich ist und ob Sie nun Teil 1 oder Teil 2 unseres großen Lügendetektor-Tests ausgefüllt haben: Wenn Sie pro Frage mehr als eine Antwort als zutreffend angekreuzt haben, können Sie in den meisten Fällen mit ziemlicher Sicherheit davon ausgehen, dass Ihr Gegenüber Sie anlügt.

Kommt Ihnen häufiger der Verdacht oder treffen mehrere der geschilderten Situationen auf Sie und Ihren Partner zu, so sollten Sie dringend mal ein ernstes Wort mit ihm reden und dabei unbedingt hartnäckig bleiben.

Sie sollten aber bedenken, dass viele der körperlichen Signale, die hier zur Sprache kommen, zwar von Anspannung künden, allerdings muss das nicht zwangsläufig heißen, dass jemand auch lügt. Abgesehen davon gibt es einen geringen Prozentsatz an Menschen, die beim Lügen kein schlechtes Gewissen haben. Sie zeigen keine Signale der Anspannung. Wiederum andere, zum Beispiel politische oder religiöse Fanatiker, glauben ihre eigenen Lügen und zeigen daher auch keinerlei Anzeichen, die auf eine Täuschung hindeuten. Den meisten Menschen sieht man jedoch das Lügen an.

Die Tatsache, dass Frauen Lügen eindeutig besser erkennen als Männer, hat folgenden Grund: Gehirn-Scans zeigen, dass bei einer Frau im Durchschnitt 14 bis 16 Schlüsselbereiche in beiden Gehirnhälften aktiviert sind, wenn sie mit jemandem von Angesicht zu Angesicht kommuniziert. Die Bereiche werden zur Entschlüsselung von Wörtern, Veränderungen des Tonfalls und Körpersignalen verwendet und sind die Voraussetzungen der »weiblichen Intuition«. Ein Mann aktiviert normalerweise nur 4 bis 7 dieser Bereiche, weil das männliche Gehirn mehr auf das räumliche Vorstellungsvermögen als auf Kommunikation ausgelegt ist. Frauen haben zusätzlich den Vorteil, dass sie Körpersignale deuten und gleichzeitig reden können. Männer mit ihrem einspurigen Gehirn konzentrieren sich nur auf eine Information und empfangen daher viele Körpersignale nicht.

7. Kapitel

Die andere Frau – seine Mutter

Erst in der Hochzeitsnacht merkte Jane, dass Martins Mutter immer noch die Unterhosen für ihren Sohn kaufte. Er war sechsunddreißig Jahre alt.

Auftritt des Drachens

Es gibt mehr Witze über Schwiegermütter als über jede andere Menschengruppe auf Erden. Sie sind das unerschöpfliche Thema von Komödianten und werden in Fernsehserien immer wieder als Hexen, Drachen oder Schreckschrauben parodiert. Schon Lenin antwortete auf die Frage, wie die Höchststrafe für Bigamie aussehen solle: »Zwei Schwiegermütter.«

Tatsächlich erweisen sich Schwiegermütter für viele Ehepaare als Belastung, ein Drittel nennt bei einer Trennung sogar die Schwiegermutter als Grund. Natürlich sind nicht alle Schwiegermütter die Bosheit in Person. Knapp die Hälfte sind durchaus neutrale, wenn nicht sogar beliebte, hilfsbereite und großzügige Familienmitglieder. Oft wird Schwiegermüttern auch die Schuld an Versäumnissen oder emotionalen Problemen ihrer Söhne oder Schwiegertöchter in die Schuhe geschoben.

Allerdings ist es im Allgemeinen nicht die Mutter der Frau, die Probleme macht. Unsere Nachforschungen ergaben immer wieder, dass die eigentliche Gefahr von der Mutter des Mannes ausgeht. Über die Schwiegermutter des Mannes wird zwar in der Öffentlichkeit mehr gelästert, doch solche Bemerkungen sind eher ironisch gemeint und beziehen sich nicht auf ein wirkliches Problem. Die Schwiegermutter eines Mannes nervt ihn vielleicht, nörgelt an ihm herum oder bringt ihn zur Verzweiflung. Dennoch haben die meisten Männer nichts gegen ihre Schwiegermütter. Der Konflikt mit der Schwiegermutter dominiert nicht das Leben eines Mannes.

Ein altes polnisches Sprichwort besagt: »Der Weg zum Herzen einer Schwiegermutter führt über ihre Tochter.« Die meisten Männer wissen das. Mütter wollen vor allem, dass ihre Töchter glücklich sind. Und wenn der Schwiegersohn die Tochter glücklich macht, dann ist die Schwiegermutter auch zufrieden. Wenn ein Mann Schwierigkeiten mit den Schwiegereltern hat, liegt das häufiger am Schwiegervater, der seine geliebte kleine »Prinzessin« nicht loslassen kann.

Mit großer Wahrscheinlichkeit werden sich von den Tests in diesem Kapitel daher vor allem die Frauen angesprochen fühlen. Zumal sich Männer wohl kaum so viele Gedanken um ihre Schwiegermutter machen. Dennoch sollten auch sie sich die Tests – und vor allem die Auswertungen – zumindest durchlesen, da sie dort sicher einige wertvolle Neuigkeiten erfahren, mit denen sich dieses Streitthema beilegen lässt.

Einen Test haben wir sogar explizit für Männer entworfen, damit sie sich eventueller Probleme zwischen ihrer Partnerin und ihrer Mutter bewusster werden – und hoffentlich nicht versäumen, entsprechend zu handeln.

Aufwärmtraining

Damit Sie sich für die kommenden Tests in diesem Kapitel schon mal warmlaufen können, haben wir Ihnen hier nun die schönsten Schwiegermutter-Witze zusammengetragen. Wählen Sie daraus Ihren persönlichen Favoriten aus, vergleichen Sie Ihre Wahl mit der Ihres Partners und lachen Sie erst einmal herzlich, bevor Sie sich der ernsteren Seite dieses Themas zuwenden.

Meine Schwiegermutter stand heute Morgen vor der Tür und fragte: »Kann ich ein paar Tage hier bleiben?«

»Selbstverständlich«, antwortete ich – und schloss die Tür.

Adam und Eva waren das glücklichste Paar auf Erden, weil sie beide keine Schwiegereltern hatten.

Wie viele Schwiegermütter braucht man, um eine Glühbirne auszuwechseln? Eine. Sie hält die Birne hoch und wartet, dass sich die Welt um sie dreht.

Was ist der Unterschied zwischen einem Rottweiler und einer Schwiegermutter?

Der Rottweiler lässt manchmal wieder los.

Ein Mann wird von seinem Kollegen im Büro gefragt: »Nanu, wieso bist du denn heute im Büro? Gehst du nicht zur Beerdigung deiner Schwiegermutter?«

»Doch, doch«, antwortet er. »Aber erst die Arbeit, dann das Vergnügen.«

Wenn man seine Schwiegermutter dazu bringen könnte, jeden Tag 10 Kilometer spazieren zu gehen, wäre sie nach einer Woche schon 70 Kilometer weit weg.

Geht ein Mann zur Wahrsagerin. Die Wahrsagerin prophezeit ihm: »Morgen wird Ihre Schwiegermutter ganz unerwartet sterben.«

»Das weiß ich schon, mich interessiert nur, ob ich freigesprochen werde.«

Meine Schwiegermutter und ich kamen 20 Jahre lang gut miteinander aus – bis wir uns begegnet sind.

»Ich bekam heute die Nachricht, dass meine Schwiegermutter gestorben sei, und wurde gefragt, ob man sie beerdigen, verbrennen oder einbalsamieren solle. Ich antwortete: ›Gehen Sie auf Nummer sicher – machen Sie alles.‹«

Der große Belastungs-Test

Streiten Sie und Ihr Partner sich häufig wegen seiner Mutter? Anhand dieses Tests können Sie herausfinden, wie sehr Ihre Schwiegermutter Ihre Partnerschaft belastet.

Kreuzen Sie bitte jeweils die Kästchen vor den folgenden Aussagen an, wenn Sie diese mit »Ja« beantworten können.

- ❑ Meine Schwiegermutter hat meinen Partner zeit seines Lebens bemuttert und verhätschelt. Sie hat für ihn gekocht, gewaschen, gebügelt und geputzt. Nun erwartet er das Gleiche von mir und sie unterstützt ihn auch noch darin.
- ❑ Meine Schwiegermutter mischt sich oft ungefragt in unsere Beziehung ein und ergreift für ihren Sohn Partei.
- ❑ Ich bin froh, wenn wir in Urlaub fahren, weil ich dann meine Schwiegermutter mal für zwei Wochen nicht sehen muss.
- ❑ Mein Partner ist dann oft viel entspannter und wir streiten deutlich weniger als zu Hause.
- ❑ Ich habe meinem Partner schon mehrfach vorgeworfen, dass er eine zu enge Beziehung zu seiner Mutter hat und sich zu viel von ihr sagen lässt.
- ❑ Wenn die Weihnachtsfeiertage vorbei sind, schlage ich jedes Jahr drei Kreuze, weil meine Schwiegermutter dann wieder abreist.
- ❑ Meine Schwiegermutter verwöhnt meine Kinder zu sehr und widersetzt sich oft meinen Anweisungen, ihnen nichts Süßes zuzustecken.
- ❑ Meine Schwiegermutter hat kein Verständnis dafür, dass mein Partner und ich auch mal Zeit für uns brauchen, und fühlt sich schnell zurückgesetzt.

- ❏ Ich fühle mich meist unsicher und unwohl, wenn meine Schwiegermutter anwesend ist, und komme mir immerzu beobachtet vor.
- ❏ Meine Schwiegermutter besteht darauf, dass wir regelmäßig am Sonntag zu ihr zum Essen kommen, und kocht dann immer das Leibgericht meines Partners, damit »der Junge mal wieder was Anständiges zu essen bekommt«.
- ❏ Meine Schwiegermutter ruft häufig an und fragt meinen Partner ständig, wann er vorbeikomme, um etwa den Rasen zu mähen, das Haus zu streichen oder andere Arbeiten durchzuführen.
- ❏ Meine Schwiegermutter stellt immerzu nur Ansprüche.
- ❏ Meine Schwiegermutter kritisiert mich ständig und betont immer wieder, dass sie dies oder jenes anders macht als ich, egal ob es ums Kochen, um Hausarbeit oder Kindererziehung geht.
- ❏ Meine Schwiegermutter fordert meiner Meinung nach eindeutig zu viel Aufmerksamkeit von meinem Partner.
- ❏ Meine Schwiegermutter ist furchtbar neugierig. Ständig will sie selbst die intimsten Details aus unserer Ehe wissen.
- ❏ Meine Schwiegermutter traut mir einfach nichts zu und erteilt mir andauernd ungefragt Ratschläge.
- ❏ Meine Schwiegermutter erwartet, dass mein Partner

ihr noch immer wie ein kleiner Junge gehorcht, und wird ungehalten, wenn er es nicht tut.

- ❑ Meine Schwiegermutter will überall dabei sein und fühlt sich schnell ausgegrenzt.
- ❑ Meine Schwiegermutter hält es nicht für nötig, ihre Besuche anzukündigen, da sie schließlich zur Familie gehört, wie sie so schön sagt.
- ❑ Ich habe schon einmal darüber nachgedacht, meinen Partner wegen seiner Mutter zu verlassen.

Der ultimative Schwiegermutter-Test

Wie steht es nun um Sie und Ihre Schwiegermutter? Haben Sie Glück und kommen gut mit ihr aus? Oder mischt sie sich tatsächlich immerzu in Ihr Leben ein und macht es Ihnen damit fast zur Hölle?

Mit diesem Test erhalten Sie endlich Klarheit darüber, was für ein Mensch Ihre Schwiegermutter ist. Ob gnadenloser Hausdrachen oder mütterliche Freundin, dominante Egoistin oder ewige Nörglerin – finden Sie es heraus und kreuzen Sie im Folgenden jeweils die Aussage an, die auf Ihre Schwiegermutter am ehesten zutrifft. Pro Frage/Situation ist nur eine mögliche Antwort erlaubt.

1. Ihr Partner hat Geburtstag und Sie richten ihm ein kleines Fest aus. Da Ihre Schwiegereltern in derselben Stadt wohnen, sind sie selbstverständlich eingeladen. Was passiert?

a) Ihre Schwiegermutter schaut vor dem Fest unangemeldet vorbei, um mit Ihnen verschiedene Details für die Feier durchzusprechen. Sie bietet an, früher zu kommen und Ihnen bei den Vorbereitungen zu helfen. Außerdem will sie für den Nachtisch sorgen und ist durch nichts davon abzubringen. Und sie lässt nicht locker, bis Sie ihr verraten haben, was Sie Ihrem Partner zum Geburtstag schenken.
b) Als Sie Ihre Schwiegermutter zu dem Fest einladen, erkundigt sie sich als Erstes, was es zu essen gibt, und macht einige Verbesserungsvorschläge fürs Menü. Schließlich weiß sie am besten, was Ihr Partner am liebsten mag, sie kennt ihn ja länger als Sie. Die Gästeliste kommentiert sie wie üblich und fragt auch gleich, warum Sie Tante Hilde nicht eingeladen haben – was sie übrigens gar nicht gut findet, wie sie unterschwellig durchblicken lässt.
c) Ihre Schwiegermutter ist beleidigt, weil Sie sie nicht vorab von dem geplanten Fest informiert haben. Sie hätte selbst gerne ein Essen ausgerichtet und fühlt sich übergangen. Nun wirft sie Ihnen vor, eigenmächtig gehandelt zu haben. Anschließend beklagt sie sich bei Ihrem Partner und versucht ihn umzustimmen.
d) Einige Tage vor dem Fest ruft Ihre Schwiegermutter an, um sich für die Einladung zu bedanken. Nachdem Sie eine Weile geplaudert haben, verabschiedet sie sich, weil sie noch etwas vorhat. Abschließend erwähnt sie, dass sie Ihnen gerne behilflich ist, sofern Sie Unterstützung brauchen.

2. Weihnachten steht vor der Tür und Sie haben gemeinsam mit Ihrem Partner beschlossen, die Feiertage in trauter Zweisamkeit zu genießen. Weder wollen Sie Ihre Eltern noch die Ihres Partners besuchen oder einladen, die beide etwa 350 Kilometer entfernt wohnen. Als Ihre Schwiegermutter von Ihren Plänen erfährt, ...

a) ... legt sie am Telefon einen bühnenreifen Nervenzusammenbruch hin und hält Ihrem Partner vor, die Familientradition zu brechen, was sie unter keinen Umständen zu akzeptieren gedenkt. Außerdem wirft sie Ihnen vor, die Familie zu entzweien. Sie stößt wilde Drohungen aus und stellt schließlich ein Ultimatum.

b) ... will sie sofort wissen, warum Sie nicht vorbeikommen wollen und was Sie stattdessen zu tun gedenken. Nachdem sie gehört hat, dass auch Ihre Eltern auf Sie verzichten müssen, ist sie zumindest zum Teil versöhnt. Dennoch ruft sie in den folgenden Tagen mehrfach an, um von all ihren Freundinnen zu berichten, die selbstverständlich Besuch von ihren Kindern erhalten.

c) ... freut sie sich für Sie und wünscht Ihnen schon mal ein frohes Fest. Sie hat sich nämlich selbst entschlossen, dieses Jahr mal aus dem weihnachtlichen Trott auszubrechen, und heimlich für sich und ihren Mann eine Fernreise gebucht.

d) ... sagt sie Ihnen, wie schade sie das findet, akzeptiert es jedoch und versucht auch nicht, Sie zu überreden, Ihre Meinung doch noch zu ändern. Dennoch wird sie am Heiligen Abend dreimal anrufen und Ihnen ein Riesenpaket mit lauter unnötigen Kleinigkeiten schicken, damit Ihr Partner an Weihnachten an zu Hause erinnert wird.

3. Sie und Ihr Partner wollen heiraten und teilen die freudige Nachricht Ihren Schwiegereltern mit. Welcher der folgenden Sätze könnte am ehesten von Ihrer Schwiegermutter stammen?

a) Herzlichen Glückwunsch, ich freue mich für euch.
b) Meint ihr nicht, es ist für eine Ehe noch ein bisschen früh?
c) Dass du mir meinen Schatz aber auch ja gut behandelst!
d) Willkommen in unserer Familie. Ich hoffe, wir werden uns gut verstehen.

4. Sie und Ihr Partner erwarten in drei Monaten Nachwuchs. Gemeinsam überlegen Sie, wie Sie die Elternzeit aufteilen sollen und wie der Alltag mit Ihrem Kind aussehen könnte. Wie verhält sich Ihre Schwiegermutter?

a) Sie betont immer wieder, dass sie jederzeit gerne auf das Kind aufpasse und auch bereit sei, es ganztags zu betreuen, falls Sie beide nach der Geburt rasch wieder arbeiten möchten. Außerdem verbringt sie inzwischen mehr Zeit bei Ihnen als bei sich zu Hause und lässt sich kaum davon abbringen, Sie zum Frauenarzt zu begleiten oder mit Ihnen den Kinderwagen auszusuchen, und möchte sogar bei der Geburt dabei sein.

b) Sie schleppt Berge von Literatur zum Thema an und mischt sich immer wieder – bei jeder sich bietenden Gelegenheit – in Ihre Diskussionen ein. Ungefragt berichtet sie von Erfahrungen aus ihrem Bekanntenkreis, hat zu jedem Argument ein Gegenbeispiel parat und warnt Sie davor, das Kind zu früh von der Mutter zu trennen.
c) Sie erklärt Ihnen, wo sie die Vor- und Nachteile der jeweiligen Entscheidung sieht, wenn Sie sie darum bitten, und vertritt ansonsten die Ansicht, dass es Ihre Sache ist. Dennoch wissen Sie, dass Sie sich auf Ihre Schwiegermutter verlassen können – egal, welche Lösung Sie finden.
d) Sie belehrt sie zunächst einmal darüber, wie es zu ihrer Zeit war, und sagt Ihnen klipp und klar, dass ihrer Meinung nach die Mutter zum Kind gehört. Ein Mann ist für sie nun mal nach wie vor der Ernährer, da gibt es keine Alternative.

5. Ihr Kind ist inzwischen auf der Welt und Sie sind momentan noch damit beschäftigt, sich mit der ungewohnten Situation zu arrangieren. Was tut Ihre Schwiegermutter?

a) Sie erkundigt sich ständig nach ihrem Enkel und gibt Ihnen zahlreiche Ratschläge für die ersten Wochen. Dabei betont sie, wie viel man ausgerechnet in dieser wichtigen Phase machen kann, und hat für jede Situation eine passende Geschichte oder Erfahrung parat.
b) Sie kommt gerne zu Besuch, wenn sie eingeladen

ist, und vergewissert sich vorher noch mal, ob es auch wirklich passt. Meist bringt sie eine Kleinigkeit mit und geht Ihnen auch schon mal zur Hand, wenn es gerade turbulent wird.

c) Sie ruft täglich an, um sich nach dem Wohlergehen von Mutter und Kind zu erkundigen und zu fragen, wann sie ihr Enkelkind mal wieder zu Gesicht bekomme. Wenn sie dann da ist, bleibt sie oft länger als beabsichtigt, weil sie sich von dem Kleinen gar nicht trennen kann. Außerdem will sie in allen Einzelheiten wissen, wie die Geburt verlaufen ist.

d) Sie hat an allem, was Sie tun, etwas auszusetzen. In Extremfällen macht sie Ihnen sogar heftige Vorwürfe und wird auch schon mal beleidigend. Allerdings streitet sie alles ab, sobald Ihr Partner sie zur Rede stellt, und wirft Ihnen vor, Sie wollten lediglich einen Keil zwischen Mutter und Sohn treiben.

6. Wie hat sich Ihre Schwiegermutter bei Ihrem ersten Aufeinandertreffen verhalten?

a) Sie ist sofort offen auf Sie zugegangen und hat mit Ihnen geplaudert, als würden Sie sich schon ewig kennen. Dabei hat sie Ihnen ihre halbe Lebensgeschichte erzählt.

b) Sie hat Ihnen geradezu Löcher in den Bauch gefragt und Ihnen erst einmal erklärt, wie Ihr Partner »funktioniert«.

c) Nach einer freundlichen Begrüßung sind Sie rasch mit ihr ins Gespräch gekommen und haben ein paar richtig nette Stunden miteinander verbracht.

d) Sie hat Sie kritisch ausgefragt und Sie nach spätestens einer halben Stunde mit Ratschlägen für alle Lebenslagen überhäuft.

Mutter und Schwiegertochter – wie gut vertragen sich die beiden?

Kommen Ihre Partnerin und Ihre Mutter gut miteinander aus? Oder herrscht öfter mal dicke Luft, weil die beiden unterschiedlicher Meinung sind? Ist an den Streitigkeiten tatsächlich immer Ihre Partnerin schuld, wie Ihre Mutter gerne behauptet? Oder trägt sie ebenfalls ihren Teil dazu bei? Und ist das Ganze noch im Bereich des Normalen oder besteht ernsthafter Handlungsbedarf, wenn Sie Ihre Beziehung nicht gefährden wollen? Dieser Test liefert Ihnen die Antwort.

Kreuzen Sie bitte jeweils die Kästchen vor den folgenden Aussagen an, wenn Sie diese mit »Ja« beantworten können.

❑ Ihre Mutter hat schon häufiger einen der folgenden Sätze zu Ihnen gesagt:
»Nach allem, was ich für euch getan habe.«
»Ich habe doch sonst niemanden.«
»Ich bin euch doch völlig gleichgültig.«
»Wenn ich mal nicht mehr bin, wird es euch Leid tun.«
»Du denkst nur an dich selbst – wie dein Vater.«
»Ich fühle mich so einsam.«

- ❑ Sie hat dabei jedes Mal Schuldgefühle in Ihnen geweckt, woraufhin Sie Ihre Mutter gegenüber Ihrer Partnerin verteidigt haben.
- ❑ Sie halten es für Ihre Pflicht, sich um Ihre Mutter zu kümmern, aber Ihrer Partnerin scheint das gleichgültig zu sein, da sie immer wieder betont, dass Ihre Mutter zu viel Raum in Anspruch nehme.
- ❑ Ihre Partnerin hat kein Verständnis dafür, dass Sie für Ihre Mutter häufiger mal Reparaturen oder andere Arbeiten erledigen.
- ❑ Ihre Mutter beschwert sich bei Ihnen darüber, dass Ihre Partnerin sie ausgrenzt.
- ❑ Ihre Mutter will Ihrer Partnerin mit wertvollen Tipps beistehen, doch diese fühlt sich nur bevormundet und reagiert abweisend.
- ❑ Die beiden Frauen wetteifern eifersüchtig um Ihre Kinder und sind in Erziehungsfragen oft gegensätzlicher Meinung.
- ❑ Sie verstehen nicht, warum alle dauernd wütend sind, wo Sie doch nur mit allen gut auskommen wollen.
- ❑ Ihre Mutter verwöhnt Sie nun mal nach wie vor gerne mit Ihrem Leibgericht, was Ihre Partnerin schon mal zur Weißglut treibt – dabei ist ihr Rollbraten doch wirklich einzigartig.
- ❑ Wenn Ihre Partnerin mit Ihnen über Ihre Mutter sprechen möchte, blocken Sie häufig ab, da sie Ihrer Meinung nach maßlos übertreibt.

- ❑ Sie finden es – ganz im Gegensatz zu Ihrer Partnerin – nicht weiter schlimm, wenn Ihre Mutter unangekündigt vorbeikommt. Schließlich haben Sie nichts zu verbergen.
- ❑ Ihre Partnerin fühlt sich häufig von Ihrer Mutter kontrolliert, dabei nimmt sie doch nur regen Anteil an Ihrem Leben.
- ❑ Anfangs haben sich Ihre Partnerin und Ihre Mutter durchaus gut verstanden. Erst seit Sie zusammenleben hat sich das Verhältnis zum Negativen gewendet – und Sie können beim besten Willen nicht nachvollziehen, warum.
- ❑ Ihre Mutter beschwert sich ständig darüber, dass Ihre Partnerin ihrer eigenen Mutter mehr vertraut als ihr.
- ❑ Manchmal haben Sie den Eindruck, als würden die beiden Frauen um Sie streiten.

Testauswertung

Der große Belastungs-Test

Zählen Sie bitte zusammen, wie viele der Kästchen Sie angekreuzt haben, und lesen Sie in der entsprechenden Rubrik nach.

0–5 Kästchen angekreuzt

Sie können sich wirklich nicht beklagen, denn Ihre Schwiegermutter belastet Ihre Beziehung so gut wie gar nicht. Offensichtlich ist es Ihnen gelungen, ein gutes Verhältnis zur Mutter Ihres Partners aufzubauen und sie in angemessenem Maße in Ihre Partnerschaft zu integrieren. Sie sind alle drei emotional ausgeglichen, unabhängig, uneigennützig und einfühlsam und Ihr Verhalten ist weder von Eifersucht, Besitzansprüchen und Abhängigkeit, noch von Unreife, Selbstsucht oder emotionaler Instabilität geprägt.

Vergessen Sie dennoch nicht, immer mal wieder auch Grenzen zu setzen, auch wenn Ihnen Hilfe und Ratschläge Ihrer Schwiegermutter oft willkommen sind. Nur so können Sie das gute Verhältnis dauerhaft erhalten.

6–14 Kästchen angekreuzt

Das Verhältnis zu Ihrer Schwiegermutter ist zwar nicht ernsthaft belastet, dennoch bietet sie immer wieder Grund zu unschönen Diskussionen zwischen Ihnen und Ihrem Partner. Denken Sie daran: Söhne sprechen nur selten mit ihren Müttern. Folglich erhält eine Schwiegermutter zu wenig Informationen und fühlt sich von der neuen Familie ihres Sohnes ausgeschlossen. Sie denkt dann vielleicht, die einzige Möglichkeit, einbezogen zu werden, bestünde darin, sich aufzudrängen und ständig Präsenz zu zeigen.

Vielleicht sollten Sie in Zukunft ein wenig diplomatischer vorgehen und Ihre Schwiegermutter gezielter einbeziehen – dann wird sie sicher beruhigt sein und sich von selbst ein wenig zurückziehen. Schließlich ist das Letzte, was eine Frau will, eine Schwiegermutter, die sich bei ihrem Mann über sie beschwert; sie braucht eine Verbündete, keine Gegnerin.

Daher sollten Sie guten Willen zeigen und Brücken bauen, denn wenn Sie keine Zeit in die Beziehung zu Ihrer Schwiegermutter investieren, wird sich das im Laufe der Zeit rächen.

15–20 Kästchen angekreuzt

Ihre Partnerschaft ist in der Tat ziemlich belastet. Sie haben eine Besitz ergreifende, aufdringliche Schwiegermutter, die sich in alles einmischt und nicht bereit ist, die Nabelschnur zwischen sich und ihrem Sohn zu durchtrennen. An manchen Tagen scheint für Sie die Krise mit Ihrer Schwiegermutter, die Ihnen nicht selten den letzten Nerv raubt, kaum zu bewältigen und sie bereitet Ihnen so großen Kummer, dass Sie im Extremfall sogar an Scheidung denken.

Dennoch müssen Sie miteinander auskommen, wenn Ihr Leben funktionieren soll. Frauen müssen ihre Beziehungsprobleme unter sich ohne die Beteiligung ihrer Männer beziehungsweise Söhne ausmachen. Sie sollten daher so klug sein und die Kontrolle über die Situation übernehmen. Und anstatt seine Mutter immer nur zu kritisieren, ist es effektiver, ihn dazu zu bringen, das zu tun, was Sie von ihm wollen. Er ist schließlich erwachsen und für sein Handeln verantwortlich.

Der ultimative Schwiegermutter-Test

Zählen Sie anhand der folgenden Tabelle zusammen, wie oft Sie sich für Typ A, B, C oder D entschieden haben, und lesen Sie anschließend unter der Kategorie nach, in der Sie die meisten Punkte haben.

1. a) Typ C	3. a) Typ D	5. a) Typ B
b) Typ B	b) Typ A	b) Typ D
c) Typ A	c) Typ B	c) Typ C
d) Typ D	d) Typ C	d) Typ A
2. a) Typ A	4. a) Typ C	6. a) Typ C
b) Typ B	b) Typ B	b) Typ B
c) Typ D	c) Typ D	c) Typ D
d) Typ C	d) Typ A	d) Typ A

Typ A

Sie haben es wirklich nicht leicht! Ihre Schwiegermutter ist eindeutig zur gefürchteten Spezies der (Haus-)Drachen zu zählen. Sie ist ziemlich herrisch und gewohnt, dass sie nahezu immer Recht hat (besser gesagt: um des lieben Friedens willen Recht bekommt) und ein jeder tut, was sie anordnet. Äußern Sie eigene Ansichten oder vertreten Sie gar eine Meinung, die nicht ins Weltbild dieser Frau passt, so ist Ärger vorprogrammiert. Auf Gegenargumente oder Widerspruch reagiert Ihre Schwiegermutter nämlich extrem empfindlich. Schließlich weiß sie allein, was Recht und Unrecht ist – vor allem in Bezug auf ihr Kind, also Ihren Partner.

Daher nimmt sie auch kein Blatt vor den Mund, wenn

es darum geht, Ihnen zu sagen, was Sie anders, sprich: besser machen sollen, und spart dabei weder mit Kritik noch mit Unmutsäußerungen. Diesem Typ Schwiegermutter ist leider nur schwer beizukommen, da sie sich sofort ungerecht behandelt fühlen wird, falls Sie sich auch nur ansatzweise wehren, und versuchen wird, ihr Kind auf ihre Seite zu ziehen. Sie sieht im Partner ihres Kindes eindeutig einen Konkurrenten und wird aus ihrer Verlustangst heraus immer versuchen, ihre Position zu erhalten und zu verteidigen.

Demnach ist im Umgang mit ihr nicht nur höchste Vorsicht geboten, sondern vor allem jede Menge Geduld vonnöten. Denn durchsetzen werden Sie sich gegen sie wohl kaum – leider.

Typ B

Ihre Schwiegermutter meint es zwar gut und ist auch in der Regel nett und zuvorkommend, dennoch mischt sich dieser dominante Typ mehr in Ihr Leben ein, als Ihnen lieb ist. Sie weiß alles, gibt zu jedem Thema und zu jeder Situation einen Kommentar ab und hat durchaus etwas Belehrendes, obwohl sie ihre Ratschläge stets freundlich und gewiss nicht vorwurfsvoll formuliert. Leider meldet sie sich auch ungefragt immer wieder zu Wort und versucht so, Einfluss auf Ihren Alltag zu nehmen. Sei es bei der Kindererziehung, bei der Wahl des Urlaubsziels, in Haushaltsfragen oder beim Kochen – sie muss überall die Finger im Spiel haben. Nur so gelingt es ihr nämlich, Kontrolle auszuüben. Und das ist letztlich ihr Ziel.

Sie will ständig über alles informiert sein und kümmert sich um Dinge, die sie nun wahrlich nichts angehen, wobei sie ihre Neugierde gerne als wohlwollendes Interesse tarnt. Sie kommen im Grunde so lange mit dieser Schwiegermutter gut klar, wie Sie sie gewähren lassen, schließlich sieht sie in Ihnen ja keine Rivalin, sondern will einfach nur das Beste für ihr Kind.

Typ C

Ihre Schwiegermutter ist – nicht nur auf den ersten Blick – eine Frau, die Wärme und Herzlichkeit ausstrahlt. Sie wirkt sympathisch, uneigennützig, nahezu perfekt – man muss sie einfach mögen. Den Freunden oder Partnern ihrer Kinder gegenüber verhält sie sich, als gehörten sie seit Jahr und Tag zur Familie, und auch Sie hat sie von Anfang an liebevoll aufgenommen.

Sie tut den Menschen in ihrem Umkreis gern Gutes und liest Ihnen ebenso wie Ihrem Partner nahezu jeden Wunsch von den Augen ab. Brauchen Sie Hilfe, ist sie zur Stelle.

Sie schenkt Ihnen rasch ihr Vertrauen und erzählt Ihnen auch schon mal sehr private Dinge. Und genau das ist der kritische Punkt an diesem Typ Frau. Häufig überschreitet sie dabei nämlich eine Grenze und erwartet im Gegenzug von Ihnen, dass auch Sie intime Details aus Ihrer Partnerschaft ausplaudern, sich ihr ebenso anvertrauen.

Sie hat ein sehr gutes Verhältnis zu ihren Kindern und verhält sich auch Ihnen gegenüber wie eine gute Freundin. Dabei verliert sie leider eines aus den Augen: Sie ist und bleibt die Mutter Ihres Partners und Sie sollten stets versuchen, eine gesunde Distanz zu wahren, schon Ihrer Partnerschaft zuliebe.

Typ D
Herzlichen Glückwunsch! Sie haben eindeutig die beste aller Schwiegermütter. Sie ist sympathisch, unkompliziert, offen, tolerant, großzügig, hilfsbereit, nett und dennoch unaufdringlich – also rundherum perfekt. Sie waren sich vom ersten Augenblick an sympathisch und können sich mit ihr bestens über Gott und die Welt unterhalten. Sie haben einen freundschaftlichen Umgang mit ihr, fühlen sich ihr bisweilen sogar nah, ohne dass die Beziehung jedoch zu eng oder einschränkend wäre.

Ihre Schwiegermutter respektiert Ihre Intimsphäre und setzt auch selbst Grenzen. Schließlich nutzt sie ihre Freiheiten, seit die Kinder aus dem Haus sind. Sie kann loslassen, kennt weder Eifersucht noch Rivalität und gesteht ihren Kindern ein Privatleben zu – mit allen Konsequenzen. All das trägt zu einem entspannten Miteinander und freundschaftlichen, aber respektvollen Umgang bei – genau so sollte es sein.

Mutter und Schwiegertochter – wie gut vertragen sich die beiden?

Zählen Sie bitte zusammen, wie viele der Kästchen Sie angekreuzt haben, und lesen Sie in der entsprechenden Rubrik nach.

0–3 Kästchen angekreuzt
Sie müssen sich um Ihre Beziehung keine großen Sorgen machen. Ihre Partnerin und Ihre Mutter verstehen sich im Großen und Ganzen gut bis sehr gut. Und selbst wenn

es mal zu Meinungsverschiedenheiten zwischen den beiden kommt, sind die Frauen durchaus in der Lage, ihre Probleme ohne Ihre Hilfe zu lösen. Demnach besteht für Sie zurzeit kein Handlungsbedarf.

4–10 Kästchen angekreuzt

Auch wenn Sie sich nur ungern mit diesem Thema befassen und eigentlich nichts davon wissen möchten: Zwischen Ihrer Partnerin und Ihrer Mutter steht es nicht immer zum Besten. Die beiden Frauen fechten mit schöner Regelmäßigkeit Kämpfe miteinander aus und sind wahrlich nicht immer einer Meinung. Versuchen Sie, die Situation möglichst objektiv zu betrachten, und unterstützen Sie Ihre Partnerin, falls Sie ihre Ansichten nicht für völlig ungerechtfertigt halten. Schließlich sind Sie mit ihr zusammen und nicht mit Ihrer Mutter.

11–15 Kästchen angekreuzt

Ihre Partnerin steht mit Ihrer Mutter auf Kriegsfuß. Das ist beim besten Willen nicht zu übersehen. Setzen Sie sich mit beiden Frauen zusammen und versuchen Sie, miteinander zu reden. Bringen Sie die Probleme der beiden zur Sprache und suchen Sie nach Lösungen. Sollte dies nicht möglich sein, treffen Sie mit Ihrer Partnerin Vereinbarungen, etwa Ihre Mutter nur noch in bestimmte Angelegenheiten (in die aber durchaus bewusst) einzubeziehen, sie zu eigenen Aktivitäten zu ermuntern oder ihr auch mal etwas zu versagen, und lernen Sie – liebevoll – Grenzen zu setzen. Ihre Beziehung sollte es Ihnen wert sein, denn nur so können Sie ein glückliches, unabhängiges und eigenständiges Leben führen.

8. Kapitel

Sprachprobleme

Männer waren noch nie große Konversationsgenies

Die Grundregeln der Kommunikation

Mit den großen und kleinen Problemen in Sachen Reden und Zuhören haben wir uns ja in Kapitel 1 schon ausführlich beschäftigt. Hier geht es nun vielmehr um die Frage, warum es Männern und Frauen häufig so schwer fällt, miteinander zu kommunizieren. Eines können wir hierzu vorab schon mal klarstellen: Das Gehirn der Männer ist lösungsorientiert, das der Frauen vorgangsorientiert.

Die geheimnisvolle Sprachwelt der Frauen amüsiert und verwirrt viele Männer nach wie vor. Dabei beschäftigen die meisten Männer fünf grundsätzliche Fragen über das weibliche Kommunikationsverhalten:

1. Warum reden Frauen so viel?
2. Warum wollen Frauen immer über Probleme reden?
3. Warum übertreiben Frauen?
4. Warum kommen Frauen anscheinend nie auf den Punkt?
5. Warum wollen Frauen immer alles ganz genau wissen?

Die Frauen hingegen verzweifeln nicht selten an den männlichen Verhaltensweisen beim Kommunizieren und fragen sich:

1. Warum sind Männer so direkt?
2. Warum muss man Männern immer alles aus der Nase ziehen?
3. Warum schweigen Männer so oft?
4. Warum fragen Männer nie mal nach?
5. Warum erteilen Männer ständig ungefragt Ratschläge?

Natürlich gibt es für jede dieser Verhaltensweisen eine Vielzahl an Gründen, auf die wir hier im Einzelnen nicht eingehen können, doch wenn Sie die folgenden grundsätzlichen Regeln beachten, sollte einer reibungslosen Kommunikation zwischen Ihnen und Ihrem Partner nichts (oder nicht viel) im Wege stehen.

Regeln für Frauen

- Halten Sie es möglichst einfach!
- Sprechen Sie nie mehr als eine Sache gleichzeitig an!
- Bilden Sie kurze, klare Sätze und beschränken Sie sich auf das Wesentliche!
- Sagen Sie konkret, was Sie wollen, nur dann können Ihre Wünsche auch erfüllt werden!
- Unterbrechen Sie ihn möglichst nicht!
- Teilen Sie ihm mit, worüber Sie mit ihm reden wollen, wenn Sie ein ernstes Problem besprechen möchten!
- Schweigen Sie niemals, um ihn zu bestrafen. Männer lieben das Schweigen.

Regeln für Männer

- Hören Sie einfach nur zu und vergessen Sie dabei die typischen Zuhörgeräusche nicht!

- Verzichten Sie auf Lösungsvorschläge!
- Äußern Sie Ihre Wünsche nicht ganz so direkt und sagen Sie immer »bitte«!
- Nehmen Sie nicht jedes Wort aus ihrem Mund für bare Münze!
- Nicht der Inhalt dessen, was Sie sagen, sondern Ihr Interesse für das Gespräch ist wichtig!
- Sagen Sie ihr nie, dass sie dramatisiert, und korrigieren Sie sie nicht vor anderen!
- Erzählen Sie ihr stets mehr Einzelheiten, als Sie es normalerweise tun würden!

Der große Kommunikations-Test

Bei diesem Test können Sie schwarz auf weiß feststellen, ob Sie mit Ihrem Partner auch richtig kommunizieren können oder ob Sie doch hauptsächlich aneinander vorbeireden. Außerdem werden Sie einige spannende Einblicke in Sachen Selbsteinschätzung/Fremdeinschätzung erhalten.

Im Folgenden finden Sie nun zweimal die gleichen Fragen, die einmal für die Testperson (erster Fragebogen) und einmal für den jeweiligen Partner (zweiter Fragebogen) formuliert sind. Füllen Sie nun zunächst den ersten Bogen aus und lassen Sie anschließend Ihren Partner den zweiten beantworten. Schummeln und nachsehen, was Ihr Partner geschrieben hat, sollten Sie dabei in Ihrem eigenen Interesse nicht. Sonst verfälschen Sie das Ergebnis und das wäre doch sehr schade.

Wenn Sie sich beide gegenseitig testen möchten, müssen Sie die beiden Bögen vorher kopieren, damit jeder von Ihnen einmal denjenigen für die Testperson und anschließend den Partnerbogen ausfüllen kann.

Name der Testperson ______________________________

Name des Partners ________________________________

1. Welche Themen sind Ihnen besonders wichtig (höchstens drei Antworten)?

____

____

____

2. Worüber haben Sie heute mit Ihrem Partner gesprochen – abgesehen von alltäglichen Belangen?

____

____

3. Finden Sie, dass Sie mit Ihrem Partner gut reden können?

____

4. Fühlen Sie sich von Ihrem Partner verstanden und ausreichend unterstützt, wenn Sie Probleme haben?

____

5. Wie verhalten Sie sich, wenn Sie Probleme haben?

____

____

6. Was erwarten Sie in solchen Situationen von Ihrem Partner?

____

____

7. Glauben Sie, dass Sie ein guter Zuhörer sind?

____

8. Meinen Sie, dass Ihr Partner ein guter Zuhörer ist?

____

9. Wärmen Sie in Diskussionen mit Ihrem Partner öfter mal längst abgehakte Streitpunkte wieder auf?

____

10. Wenn ja, was erhoffen Sie sich davon?

____

____

11. Müssen Sie Streitereien unbedingt bis ins letzte Detail ausdiskutieren, bevor Sie in Ruhe einschlafen können?

____

12. Glauben Sie, dass Ihr Partner ein ähnliches Redebedürfnis hat wie Sie selbst?

____

13. Sind Sie ein Morgenmuffel, der sich gerne hinter seiner Zeitung verschanzt, oder können Sie auch in aller Frühe schon munter drauflosplaudern?

____

14. Sind Sie zufrieden damit, wie Sie und Ihr Partner miteinander kommunizieren?

____

Name der Testperson ____________________________

Name des Partners ______________________________

1. Welche Themen sind Ihrem Partner besonders wichtig (höchstens drei Antworten)?

   ____

   ____

2. Worüber haben Sie heute mit Ihrem Partner gesprochen – abgesehen von alltäglichen Belangen?

   ____

   ____

3. Findet Ihr Partner, dass er mit Ihnen gut reden kann?

   ____

4. Fühlt Ihr Partner sich wohl von Ihnen verstanden und ausreichend unterstützt, wenn er Probleme hat?

   ____

5. Wie verhält Ihr Partner sich, wenn er Probleme hat?

   ____

   ____

6. Was erwartet er in solchen Situationen von Ihnen?

   ____

   ____

7. Glauben Sie, dass Ihr Partner ein guter Zuhörer ist?

   ____

8. Meinen Sie, dass Sie für Ihren Partner ein guter Zuhörer sind?

____

9. Wärmt Ihr Partner in Diskussionen mit Ihren öfter mal längst abgehakte Streitpunkte wieder auf?

____

10. Wenn ja, was erhofft er sich wohl davon?

____

____

11. Muss Ihr Partner Streitereien unbedingt bis ins letzte Detail ausdiskutieren, bevor er in Ruhe einschlafen kann?

____

12. Glauben Sie, dass Ihr Partner ein ähnliches Redebedürfnis hat wie Sie selbst?

____

13. Ist Ihr Partner ein Morgenmuffel, der sich gerne hinter seiner Zeitung verschanzt, oder kann er auch in aller Frühe schon munter drauflosplaudern?

____

14. Ist Ihr Partner wohl zufrieden damit, wie Sie beide miteinander kommunizieren?

____

Die Kunst der richtigen Antwort

Bei diesem Test sind in erster Linie die Herren der Schöpfung aufgefordert, zum Stift zu greifen.

In der Kommunikation zwischen Mann und Frau gibt es zahlreiche Problemfelder, doch gerade wenn es um die richtigen Antworten auf bestimmte Fragen geht, sind unschöne Streits und Diskussionen quasi vorprogrammiert. Männer bewegen sich hierbei sozusagen auf einem unendlich großen Minenfeld und der Alltag ist im Grunde vergleichbar mit einer gefährlichen Gratwanderung, die jederzeit und vor allem unverhofft zu einer ausgewachsenen Katastrophe führen kann. Und obwohl die durchaus lernfähigen Männer sich zunehmend bemühen, sich die zugegeben schwierige Kunst der richtigen Antwort zu Eigen zu machen und die Trefferquote auch beständig steigt, bleibt die Frau dank ihrer sagenhaften Fähigkeit, ihre Meinung ebenso wie ihre Laune binnen Sekunden zu ändern, auf immer und ewig unberechenbar.

Sicher haben auch Sie dieses Phänomen schon häufig zu spüren bekommen und sind es allmählich leid, sich Tag für Tag vorwerfen zu lassen, Sie würden nicht richtig hinhören, sich nie (Denken Sie daran: Übertreibung ist nur ein Mittel zum Zweck und keinesfalls persönlich zu nehmen!) für die Probleme Ihrer Partnerin interessieren und sie immer nur kritisieren. Damit soll jetzt endlich Schluss sein! Der folgende Test wird Ihnen die Augen öffnen und so helfen, die Tücken und Fallen der weiblichen Kommunikation zu erkennen – und natürlich auch zu umgehen.

Und so geht's: Nachfolgend sind drei Beispielsituationen geschildert, in denen je eine Frau ihrem Partner eine durchaus als heikel zu bezeichnende Frage stellt, die bei einer falschen Antwort im Einzelfall zu einer mittelschweren bis schweren Katastrophe führen kann. Von den jeweils drei möglichen Reaktionen bzw. Antworten ist immer eine goldrichtig, eine immerhin akzeptabel und die dritte aus weiblicher Sicht völlig indiskutabel.

Im Grunde ist die Sache nämlich ganz einfach: Sie müssen sich nur ein für alle Mal klar machen, wie Frauen ticken, und schon werden Sie garantiert nur noch goldrichtige Antworten geben.

Situation 1

Sie sind zu einer Cocktailparty eingeladen, zu der Ihre Partnerin sich ein blaues Kleid gekauft hat. Nun steht sie mit einem goldenen und einem blauen Paar Schuhe vor dem Spiegel und fragt: »Schatz, welche Schuhe passen am besten zu meinem neuen Kleid?«

a) Sie antworten: »Die goldenen«, woraufhin Ihre Partnerin empört fragt, was Sie gegen die blauen Schuhe einzuwenden hätten, die immerhin eine ordentliche Stange Geld gekostet hätten, und Ihnen abschließend vorwirft, dass Sie Ihren Kleidungsstil nicht mögen.
b) Sie machen ihr ein Kompliment wegen des Kleides, sagen zum Beispiel: »Du siehst in dem Kleid so umwerfend aus, dass du alle Blicke auf dich ziehen wirst. Ich bin ein Glückspilz, dass du mit mir auf diese Party gehst.« Wenn Sie tatsächlich ein

Glückspilz sind, wird sie nicht noch einmal nachfragen.

c) Sie stellen ihr einfach eine Gegenfrage: »Weißt du denn schon, welche du tragen willst, Schatz?« Daraufhin wird sie leicht verunsichert sagen: »Die goldenen«, weil sie sich ohnehin schon für dieses Paar entschieden hat. Sie erwidern darauf: »Wow! Eine gute Entscheidung. Du wirst einfach fabelhaft aussehen! Wirklich super! Gefällt mir!«

Situation 2

Sie kommen abends aus dem Büro nach Hause und sitzen gemeinsam mit Ihrer Partnerin beim Abendbrot am Esstisch. Nachdem diese Sie bis ins letzte Detail nach Ihrem Arbeitstag ausgefragt hat und Sie sich schon wie in einem Verhör vorkommen, berichtet sie nun von ihren Erlebnissen. Sie erzählt, dass sie auf dem Gehweg ausgerutscht sei und sich den Absatz von ihrem neuen Schuh abgebrochen habe.

a) Sie unterbrechen Ihre Partnerin und sagen: »Also wirklich, du solltest keine hochhackigen Schuhe zum Einkaufen anziehen. Warum trägst du keine Halbschuhe? Das ist sicherer.« Daraufhin wird sie Sie empört fragen, warum Sie ihr nicht einfach nur zuhören, wenn sie Ihnen etwas erzählt.
b) Sie lassen sie ausreden und berichten anschließend von einer Untersuchung, die Sie kürzlich gelesen haben und laut der erstaunlich viele Unfälle mit

hohen Schuhen passieren – was Ihre Partnerin jedoch geflissentlich ignorieren wird, bevor sie ihren restlichen Tagesablauf schildert.

c) Sie hören ihr aufmerksam zu, nicken zwischendurch immer mal wieder bestätigend oder murmeln zustimmend und fragen anschließend: »Du hast dir doch hoffentlich nicht wehgetan, Schatz?« Woraufhin sie strahlend verneinen und fortfahren wird.

Situation 3

Ihre Partnerin ruft Sie fünf Minuten vor Beginn des allwöchentlichen Abteilungsleitermeetings im Büro an und erzählt Ihnen aufgebracht, dass der hintere Reifen ihres Autos platt war, als sie nach dem Einkaufen zum Auto zurückkam.

a) Sie fallen ihr ins Wort und rufen unverständig: »Ich habe dir doch schon so oft gesagt, dass du den Reifendruck überprüfen sollst, wenn du an der Tankstelle bist. Hättest du es getan, dann wäre das sicher nicht passiert.« Woraufhin es durchaus sein kann, dass sie mit einer Schimpftirade antwortet und ohne Abschiedsgruß den Hörer aufknallt.

b) Sie unterbrechen Ihre Partnerin sanft mit dem Hinweis auf das bevorstehende Meeting und bitten sie, Ihnen den Rest am Abend zu erzählen, weil Sie dann ausreichend Zeit zum Zuhören haben. Dafür wird sie unter Umständen durchaus Verständnis haben, wenn sie das Wichtigste bereits losgeworden ist.

c) Sie bitten Ihre Sekretärin, den anderen Teilnehmern des Meetings mitzuteilen, dass Sie sich wegen eines dringenden Notfalls ein wenig verspäten werden – und zwar so laut, dass es am anderen Ende der Leitung deutlich zu hören ist. Dann nehmen Sie sich die paar Minuten Zeit, hören ihr aufmerksam zu und trösten sie kurz.

Na? Sicher haben Sie spätestens bei Situation 2 gemerkt, dass Antwort c) jeweils die goldrichtige ist – und Antwort a) garantiert nicht das, was Ihre Partnerin hören möchte. Das Prinzip, das dahinter steckt, ist nicht sonderlich schwer zu durchschauen: Frauen denken laut und empfinden dieses Verhalten als freundliche Geste, da sie andere an ihren Gedanken teilhaben lassen. Auch reden sie sich gerne Dinge von der Seele, um sie besser verarbeiten zu können. Männer verstehen das oft falsch und meinen, dass ihnen eine Liste mit Problemen vorgelegt wird, die sie umgehend lösen sollen. Demnach erwarten Frauen auf derartige Fragen im Grunde gar keine Antworten (und schon erst recht keine Lösungsvorschläge!), sondern entweder einen verständigen Zuhörer oder Selbstbestätigung. Meist haben sie nämlich selbst schon eine Antwort parat und sind sich nur nicht sicher.

So weit, so einfach. Doch nun wird sich zeigen, ob Sie das Problem nicht nur erkannt und durchschaut haben, sondern ob Sie Ihr Wissen auch anwenden können. Hier folgen nun drei weitere heikle Situationen, die den obigen ähnlich sind. Schreiben Sie in die freien Zeilen jeweils die

Antwort, die Sie für die richtige halten. Anschließend bitten Sie Ihre Partnerin, darunter das zu schreiben, was sie sich von Ihnen als Antwort gewünscht hätte.

Situation 4

Es ist Mitte April und der Frühling hat endgültig Einzug gehalten. Zeit, die Winterkleidung zu verstauen und die Frühjahrsgarderobe hervorzuholen. Ihre Partnerin hat den halben Nachmittag damit verbracht und steht nun in ihrem Lieblings-Sommerkleid vor Ihnen und fragt: »Sag mal, spannt das Kleid nicht ein bisschen überm Bauch?«

Ihre Antwort: ______________________________

____

____

Das hätte Ihre Partnerin erwartet: _______________

____

____

____

Situation 5

Ihre Partnerin, die in einer kleinen Pharmafirma arbeitet, erzählt Ihnen, dass sie sich wegen eines unerledigten Terminauftrags mit einer Mitarbeiterin aus dem Vertrieb

gestritten habe, und jammert Ihnen vor, wie unkollegial die andere sei. Irgendwann sagt sie: »Mit dieser Frau gerate ich ständig aneinander. Ich weiß echt nicht, was ich noch tun soll.«

Ihre Antwort: ______________________________

____

____

Das hätte Ihre Partnerin erwartet: ______________

____

____

____

Situation 6

Die Schwester Ihrer Partnerin, die einen recht ausgefallenen Geschmack hat, feiert am Wochenende Geburtstag. Ihre Partnerin hat lange überlegt, was sie ihr schenken soll, und präsentiert Ihnen am Abend vor dem Fest einen extravaganten silbernen Bilderrahmen mit den Worten: »Glaubst du, der gefällt ihr? Es gab auch schlichtere Rahmen. Hätte ich vielleicht besser einen von denen nehmen sollen?«

Ihre Antwort: ______________________________

____

____

Das hätte Ihre Partnerin erwartet: ____________________

____

____

____

Wir wünschen Ihnen nun viel Spaß beim Vergleichen der Antworten und zählen auf Ihren Erfolg!

Und wie ist das jetzt gemeint? – Der aufklärende Test

Die Kommunikationsprobleme zwischen Männern und Frauen entstehen nicht selten dadurch, dass den Gesprächspartnern oft nicht klar ist, was der andere gerade von ihnen will. Bei dem nun folgenden Test können Sie überprüfen, wie Sie kommunizieren. Reden Sie Klartext? Oder äußern Sie Ihre Ansichten und Wünsche eher indirekt? Übertreiben Sie gerne und verlieren Sie sich bei Schilderungen häufig in Einzelheiten? Oder sind Sie eher wortkarg, beschränken sich nur auf das Nötigste?

Finden Sie es heraus und lernen Sie dabei vor allem auch, wie Ihr Partner kommuniziert.

1. Ihr Chef bittet Sie, für ihn eine Information einzuholen, und gibt Ihnen die Telefonnummer eines Geschäftspartners, der Ihnen bei der Recherche behilflich sein könnte. Sie telefonieren zwar mit dem Geschäftspartner, aber dieser kann Ihnen nicht weiterhelfen und nennt Ihnen einen anderen Ansprechpartner, den Sie jedoch nicht erreichen. Was tun Sie?

a) Sie gehen sofort zu Ihrem Chef und erzählen ihm detailliert, wie Sie vorgegangen sind, mit wem Sie gesprochen haben und was Sie als Nächstes zu tun gedenken. Schließlich muss er auf dem Laufenden sein.
b) Sie versuchen zwischendurch immer mal wieder, den genannten Ansprechpartner zu erreichen, und bleiben an der Sache dran. Ihren Chef rufen Sie allerdings erst wieder an, wenn Sie die Information herausgefunden haben – ansonsten hätten Sie ja nichts zu berichten.
c) Falls Sie den Ansprechpartner auch nach zwei Tagen nicht erreicht haben, geben Sie Ihrem Chef eine kurze Zwischenmeldung, dass Sie noch immer an der Sache dran sind. Sonst denkt er noch, Sie hätten es vergessen.

2. Ihre Erbtante wird 75 und Sie können leider nicht an der Geburtstagsfeier teilnehmen. Daher beschließen Sie, ihr eine Grußkarte zu schicken. Für was für eine Karte entscheiden Sie sich?

a) Sie suchen eine Karte aus, auf der schon ein Gedicht oder ein schöner Spruch steht. Dann müssen Sie selbst nämlich nicht mehr so viel schreiben.
b) Sie entscheiden sich für eine schlichte Karte und schreiben einen ausführlichen, sehr persönlichen Text dazu. Falls der Platz nicht ausreicht, verwenden Sie noch ein Einlegeblatt.
c) Sie entscheiden sich für eine Karte mit einem netten Blumenmotiv, da Sie wissen, dass es Ihrer Tante gefällt, und schreiben ihr ein paar Zeilen.

3. Sie sitzen gemütlich im Sessel und lesen ein Buch, als Sie plötzlich große Lust auf eine Tasse Kaffee verspüren. Allerdings sind Sie zu faul, in die Küche zu gehen und einen aufzubrühen, und beschließen, Ihren Partner darum zu bitten. Was sagen Sie zu ihm?

a) »Hast du nicht Lust auf einen Kaffee?«
b) »Mach mir bitte mal einen Kaffee.«
c) »Ich hätte jetzt gerne einen Kaffee.«

4. Sie kommen von der Weihnachtsfeier Ihrer Firma nach Hause und Ihr Partner fragt Sie, wie es gewesen sei. Was antworten Sie?

a) Sie erzählen die wichtigsten Ereignisse, etwa die Rede des Firmenchefs oder wie das Büfett aussah, fassen sich aber insgesamt recht kurz.
b) Sie sagen: »Äh ... war in Ordnung.«
c) Sie berichten ausführlich, wer alles anwesend war, was Sie gegessen haben sowie mit wem und worüber Sie sich unterhalten haben. Dabei versuchen Sie, ja nichts auszulassen oder zu vergessen.

5. Es ist Samstagmorgen und Sie frühstücken mit Ihrem Partner. Sie haben heute allerhand vor und müssen viel erledigen. Wie teilen Sie dies Ihrem Partner mit?

a) Sie zählen die ganze Liste mit den unterschiedlichsten Punkten in willkürlicher Reihenfolge auf und erwähnen alle Möglichkeiten und Eventualitäten einzeln, damit er ein möglichst genaues Bild davon bekommt.

b) Nach dem Frühstück sagen Sie lediglich: »Ich habe noch ein paar Dinge zu erledigen. Wir sehen uns dann später«, und machen sich auf den Weg.
c) Sie berichten kurz von Ihren Plänen für den Tag und versuchen, sich mit ihm abzustimmen.

6. Jemand sagt zu Ihnen: »Kannst du das Motoröl wechseln?« Was ist Ihrer Meinung nach damit gemeint?

a) Ganz klar: Derjenige will wissen, ob Sie in der Lage sind, bei einem Wagen einen Ölwechsel durchzuführen.
b) Ganz klar: Derjenige bittet Sie darum, einen Ölwechsel vorzunehmen.
c) Sie sind sich nicht sicher und fragen daher noch einmal genau nach: »Willst du wissen, ob ich es kann, oder soll ich es tun?«

7. Sie sitzen in geselliger Runde mit Freunden zusammen und diskutieren lebhaft über verschiedene Themen. Dabei reden oft mehrere Personen gleichzeitig. Wie verläuft das Gespräch aus Ihrer Sicht?

a) Ganz normal. Schließlich fangen Sie selbst häufig an, über eine bestimmte Sache zu reden, und wechseln dann unvermittelt das Thema, um wenige Minuten später auf den ersten Punkt zurückzukommen. Auf jeden Fall diskutieren Sie die ganze Zeit über eifrig mit.
b) Manchmal wird es Ihnen zu laut, dann schalten Sie kurz ab oder gehen nach draußen, eine rauchen.

Auch beteiligen Sie sich nur am Gespräch, wenn Sie wirklich etwas Konstruktives dazu beizutragen haben.

c) Spätestens nach der dritten unvermittelten Wendung sind Sie total rat- und hilflos und können dem Gespräch nicht mehr folgen. Und wenn ständig alle durcheinander reden, können Sie sowieso nicht richtig denken.

8. Sie machen mit Ihrem Partner einen Wochenendausflug und kommen an einem Wirtshaus vorbei. Ihr Partner sagt: »Möchtest du vielleicht etwas essen?« Wie reagieren Sie?

a) Sie verneinen, fragen aber nach, ob er eventuell etwas möchte.
b) Sie sagen »Nein, danke, momentan nicht« und gehen weiter, weil Sie gerade keinen Hunger haben.
c) Sie haben zwar keinen Hunger, sagen aber: »Wenn du etwas essen möchtest, können wir gerne hier einkehren.«

9. Ein Paar streitet und führt dabei den folgenden Dialog:
Person A: »Du bist nie meiner Meinung und du willst immer Recht haben!«
Person B: »Das ist überhaupt nicht wahr. Ich bin nicht nie deiner Meinung. Heute Morgen war ich mit dir einer Meinung und gestern Abend auch, also kannst du nicht behaupten, dass ich nie deiner Meinung sei.«

Person A: »Das sagst du jedes Mal, wenn ich das Thema anschneide!«
Person B: »Das ist doch gelogen! Ich sage es nicht jedes Mal!«
Welche der Aussagen könnten von Ihnen stammen?

a) Die von Person A.
b) Die von Person B.
c) Keine von beiden.

10. Ihr Partner kommt von einer Geschäftsreise zurück, bei der es darum ging, einen neuen Kunden zu gewinnen. Als Sie fragen, wie es gelaufen sei, sagt er nur: »Klasse, wir haben den Auftrag.« Was tun Sie?

a) Da nun alles klar ist, reicht Ihnen die Antwort völlig aus und Sie freuen sich mit ihm.
b) Die Antwort reicht Ihnen nicht, daher bohren Sie so lange nach, bis Sie ihm alle Details aus der Nase gezogen haben.
c) Sie fragen, ob er Lust habe, Ihnen ausführlicher zu erzählen, sind aber auch nicht beleidigt, falls dies nicht der Fall ist.

Testauswertung

Der große Kommunikations-Test

Vergleichen Sie nun Ihre Antworten miteinander und überprüfen Sie, wie häufig Sie identische oder ähnliche

Antworten gegeben haben. Je ähnlicher sich die Antworten dabei sind, desto besser funktioniert die Kommunikation mit Ihrem Partner. Sollten allerdings weniger als ein Drittel aller Antworten bei Ihnen beiden übereinstimmen, so müssen Sie sich ernsthafte Gedanken über Ihre Beziehung machen.

Und wie ist das jetzt gemeint? – Der aufklärende Test

Zählen Sie anhand der folgenden Tabelle zusammen, wie oft Sie sich für Typ A, B oder C entschieden haben, und lesen Sie anschließend unter der Kategorie nach, in der Sie die meisten Punkte haben.

1. a) Typ C
   b) Typ A
   c) Typ B
2. a) Typ A
   b) Typ C
   c) Typ B
3. a) Typ C
   b) Typ A
   c) Typ B
4. a) Typ B
   b) Typ A
   c) Typ C
5. a) Typ C
   b) Typ A
   c) Typ B
6. a) Typ A
   b) Typ C
   c) Typ B
7. a) Typ C
   b) Typ B
   c) Typ A
8. a) Typ B
   b) Typ A
   c) Typ C
9. a) Typ C
   b) Typ A
   c) Typ B
10. a) Typ A
   b) Typ C
   c) Typ B

Typ A
Sie kommunizieren eindeutig wie ein Mann und zeigen dabei die in der Einleitung zu diesem Kapitel beschriebenen Verhaltensweisen.

Versuchen Sie doch ab und an, sich in Ihre Gesprächspartnerin hineinzuversetzen und zu berücksichtigen, dass Frauen grundsätzlich komplett anders kommunizieren als Männer (siehe auch die eingangs beschriebenen Grundregeln). Das weibliche Gehirn ist auf das Verwenden von Sprache als wichtigstes Ausdrucksmittel programmiert und darin liegt eine seiner Stärken. Weil bei Frauen ein großer Informationsaustausch zwischen linker und rechter Gehirnhälfte stattfindet und sie darüber hinaus über eigene Sprachzentren im Gehirn verfügen, können sie weitaus komplexer reden als Männer. Davon abgesehen verwenden Frauen Wörter, um Anteilnahme zu zeigen, Gemeinschaft herzustellen und Beziehungen zu festigen – das ist evolutionsbedingt. Ebenso wie die Tatsache, dass Frauen einfach für ihr Leben gerne reden und andere gerne an ihren Gedanken teilhaben lassen.

Wenn Sie all diese Punkte im Gespräch mit Ihrer Partnerin berücksichtigen und ihr vielleicht sogar ein wenig entgegenkommen, indem Sie sich ihr hinsichtlich Ihres Kommunikationsverhaltens anpassen, dann sind Sie auf dem besten Wege zu einer glücklichen Beziehung.

Typ B

Sie kommunizieren je nach Situation und Gesprächspartner mal wie eine Frau und mal wie ein Mann. Damit dürften Sie grundsätzlich am besten fahren, da Sie dank Ihrer Flexibilität in der Lage sind, sich auf Ihren jeweiligen Gesprächspartner einzustellen und so die Situation zu Ihrem Vorteil zu nutzen. Offenbar haben Sie kapiert, dass es beim Kommunizieren nicht nur darauf ankommt, wie man etwas meint oder sagt, sondern dass man am besten vorher schon berücksichtigt, wie das jeweilige Gegenüber das Gesagte auffassen könnte. Das erfordert zwar einen gewissen Grad an Einfühlungsvermögen und Weitsicht, doch damit scheinen Sie ja ausreichend ausgestattet zu sein.

Typ C

Sie kommunizieren eindeutig wie eine Frau und zeigen dabei die in der Einleitung zu diesem Kapitel beschriebenen Verhaltensweisen.

Versuchen Sie doch ab und an, sich in Ihren Gesprächspartner hineinzuversetzen und zu berücksichtigen, dass Männer grundsätzlich komplett anders kommunizieren als Frauen (siehe auch die eingangs beschriebenen Grundregeln).

Männer können nicht im Mehrspurverfahren kommunizieren, denn das männliche Gehirn ist ein einspuriges System. Daher können Männer zwar über labyrinthartige Gässchen von Punkt A nach Punkt B finden, aber nicht über mehrere Themen gleichzeitig reden. Davon abgesehen zeigen Männer ihre Anteilnahme oder Zuneigung nur selten durch Worte, sondern häufiger durch Taten, das ist evolutionsbedingt. Ebenso wie die Tatsache, dass Männer häufig und gerne schweigen und andere nur selten freiwillig an ihren Gedanken teilhaben lassen.

Wenn Sie all diese Punkte im Gespräch mit Ihrem Partner berücksichtigen und ihm vielleicht sogar ein wenig entgegenkommen, indem Sie sich ihm hinsichtlich Ihres Kommunikationsverhaltens anpassen, dann sind Sie auf dem besten Wege zu einer glücklichen Beziehung.

Schlussbemerkung

Beziehungen zwischen Frauen und Männern funktionieren, und das trotz der überwältigenden Unterschiede zwischen den Geschlechtern.

Denn haben wir erst einmal die Entstehungsgeschichte dieser geschlechtsspezifischen Unterschiede verstanden, fällt es uns nicht nur leichter, mit diesen Unterschieden zu leben, sondern wir können auch besser damit umgehen und lernen, sie zu schätzen.

Männer streben nach Macht, Erfolg und Sex. Frauen streben nach Beziehungen, Stabilität und Liebe. Sich darüber aufzuregen ist ungefähr so sinnvoll, wie den Himmel zu verfluchen, dass er Regentropfen zur Erde schickt – regnen wird es dennoch. Und wenn man sich damit abfindet, dass es möglicherweise bald regnen wird, kann man auch damit umgehen: Man kann einen Regenmantel oder einen Regenschirm mitnehmen, und schon ist das Problem gelöst. Ähnlich kann man auch Probleme in Beziehungen vorhersehen, die aufgrund der geschlechtsspezifischen Unterschiede zwischen Männern und Frauen auftreten, und Konflikte entsprechend entschärfen.

Inwieweit Sie diese Kunst inzwischen beherrschen, haben Ihnen hoffentlich unsere verschiedenen Tests gezeigt. Und falls das ein oder andere Ergebnis nicht ganz

Ihren Wünschen und Erwartungen entspricht: Lassen Sie sich nicht unterkriegen, Sie schaffen das!

Schließlich gibt es viele Wege zu einer glücklichen Beziehung – Sie müssen sich nur ein wenig Mühe geben und Sie werden sehen: Es lohnt sich.